ASPECTOS DO DESIGN

II

SENAI-SP editora

ÍNDICE

- **4** — Apresentação
- **6** — O design no setor da embalagem
- **16** — O design no setor joalheiro
- **24** — Avaliação de ciclo de vida
- **34** — Design e gestão estratégica
- **46** — Design: ferramenta essencial para a indústria moveleira
- **52** — A proteção legal do design
- **60** — A influência da moda nas empresas
- **70** — Inovação e design
- **76** — Você quer ser um designer de sucesso?

84	O design e as MPEs
94	Gestão estratégica de marca
100	Próximo desafio: pequenas empresas com foco em design
108	Criatividade, competitividade e negócios
114	Personalização, identidade e poder do consumidor
120	O ensino do design no Brasil
128	Archdesign
136	O que desenha um designer?
142	Gestão institucional do design

Apresentação

Esta coletânea de artigos, ensaios e entrevistas, divulgados nos informativos eletrônicos mensais produzidos por autores/colaboradores, busca estabelecer as relações entre design e desenvolvimento tecnológico e econômico, além de ampliar o acesso a esses temas por parte das empresas, principalmente micro e pequenas, bem como de profissionais e estudantes da área de design.

Hoje a informação é um insumo essencial para qualquer organização produtiva, e tem um papel fundamental no mundo globalizado, pois a vida contemporânea exige que os indivíduos – e principalmente o setor produtivo – estejam atualizados o tempo todo. É necessário ter acesso a notícias, fatos, instruções, padrões, regras de procedimentos, normas, estatísticas etc.

Nesse contexto, o mais importante não é a quantidade de informação disponível, mas sua qualidade. Ou seja, o acesso a informações íntegras, atualizadas, precisas e oportunas, suficientes para consubstanciar a tomada de decisões. Apesar de todos os sistemas de gestão desenvolvidos, dispomos de poucos instrumentos realmente eficazes para filtrar informações pertinentes, no momento certo, considerando o enorme fluxo disponível no ciberespaço, principalmente quando o assunto é design e desenvolvimento.

A atividade profissional do design é imprescindível para o desenvolvimento de produtos. Assim, qualquer estratégia que se ofereça para melhorar a inserção e a performance mercadológica dos produtos industriais, considerando requisitos de inovação e tecnologia, qualidade, forma, função e custo, bem como atributos capazes de gerar encantamento e desejo, impõe uma verdadeira revolução no processo de formação e capacitação dos profissionais da área.

A fim de contribuir para a efetiva disseminação de informações relevantes sobre o setor, reunimos nesta publicação uma coletânea dos variados temas tratados durante os anos de 2004 a 2007, entre os quais estão embalagens, joalheria, análise de ciclo de vida, archdesign, indústria moveleira, moda, gestão de marca, criatividade, competitividade e negócios, o ensino do design no Brasil, inovação, empreendedorismo e outros.

Desejamos a todos uma boa leitura.

Sheila Brabo
Gerente do SENAI São Paulo Design

6

O design no setor da embalagem

A EMBALAGEM É UM COMPONENTE DO CUSTO DO PRODUTO INTEGRANDO SEU VALOR FÍSICO TANGÍVEL, MAS É TAMBÉM UM COMPONENTE FUNDAMENTAL DA IMAGEM E DO "VALOR PERCEBIDO" DO PRODUTO

INTRODUÇÃO AO DESIGN DE EMBALAGEM

O design de embalagem tem como principais diferenciais o conhecimento dos hábitos e atitudes dos consumidores em relação aos produtos, seu comportamento ao escolher, comprar e utilizar o produto, o estudo mercadológico e o conhecimento do marketing, disciplina da qual a embalagem tem se tornado cada vez mais uma importante ferramenta.

COMPLEXIDADE DA EMBALAGEM

A embalagem tem como função básica conter e proteger o produto garantindo sua integridade e conservação, e nesse sentido, ela permite que a sociedade se abasteça dos mais variados produtos podendo adquiri-los em locais e estabelecimentos de diversas naturezas, viabilizando assim tanto as indústrias que os produzem como o comércio que os distribuem.

A embalagem é um componente do custo do produto integrando seu valor físico tangível, mas é também um componente fundamental da imagem e do "valor percebido" do produto, que muitas vezes é bem maior que o valor "real" do produto.

Incorpora ainda a função de poderosa ferramenta de marketing, sendo a principal responsável pela venda e o sucesso de milhares de produtos que não têm outro recurso para se comunicar com os consumidores.

A EMBALAGEM É UMA EXPRESSÃO DA CULTURA E DO ESTÁGIO DE DESENVOLVIMENTO DAS EMPRESAS E DA PRÓPRIA SOCIEDADE.

Na verdade, mais de 90% dos produtos oferecidos nos supermercados não têm qualquer apoio de comunicação, propaganda ou promoção. Têm apenas a embalagem para cumprir essas funções.

A embalagem tem também implicações ambientais que precisam ser consideradas em sua concepção e produção, e questões como a reciclagem estão cada vez mais presentes na vida das pessoas e da sociedade. E, finalmente, a embalagem é uma expressão da cultura e do estágio de desenvolvimento das empresas e da própria sociedade.

A ABRE, Associação Brasileira de Embalagem, tem um Comitê de Estudos Estratégicos dedicado a compreender questões como essas. Além da pesquisa que gerou o que está descrito, os estudos do Comitê mostraram que o consumidor brasileiro é muito informado e tem o sonho de ser tratado pela indústria como um consumidor do primeiro mundo.

COMO AS PEQUENAS EMPRESAS SE BENEFICIAM DO BOM DESIGN DE EMBALAGEM

Por serem mais fracas economicamente e disporem de menores recursos para investir em seus produtos, são justamente as pequenas empresas que mais podem se beneficiar de uma boa embalagem. No Brasil, felizmente existem empresas e profissionais de design capazes e em número suficiente para prover a essas empresas um serviço de qualidade a preços acessíveis.

QUEM MAIS PRECISA QUE SEU PRODUTO SEJA VISTO, COMPREENDIDO E DESEJADO PELOS CONSUMIDORES DO QUE AS PEQUENAS EMPRESAS?

É justamente para as empresas menores que uma embalagem forte e expressiva pode gerar os melhores resultados. Não são poucos os casos que ilustram esta afirmação. Quem mais precisa se entusiasmar pelo seu produto, acreditar nele e fazer com que o varejo também acredite? Quem mais precisa que seu produto seja visto, compreendido e desejado pelos consumidores do que as pequenas empresas, não tendo outro recurso para conseguir isso que não a embalagem?

É por isso que os empresários brasileiros precisam compreender que dar a seus produtos uma boa embalagem é a melhor coisa que podem fazer, pois a embalagem desencadeia uma sequência de impulsos positivos conforme descrevemos, que tem um impacto decisivo no resultado do produto de mercado.

COMO OBTER UM BOM DESIGN DE EMBALAGEM

Muitos empresários deixam de ter boas embalagens por não saberem como proceder para obtê-las.

Em primeiro lugar, eles precisam saber que o design está ao seu alcance, que é perfeitamente possível às pequenas empresas contratar os serviços de um profissional ou escritório especializados.

Soluções improvisadas e "quebra-galhos" devem ser evitados, pois raramente fazem alguma diferença no mercado. Embalagens desenhadas dessa forma não terão êxito, porque elas terão ao seu lado, no ponto de vendas, embalagens desenhadas por profissionais.

Para desenhar uma boa embalagem, o designer responsável pelo projeto deve conhecer o produto, o mercado onde ele vai competir e seus concorrentes, o consumidor do produto e seu comportamento e os objetivos mercadológicos da empresa.

Isso tudo deve estar organizado numa estratégia de design e expresso no desenho da embalagem. Só assim se chega a uma boa embalagem, pois embalagens vencedoras não acontecem por acaso, são resultados de um procedimento correto cumprido com dedicação e talento.

O Comitê de Design da ABRE elaborou um guia que ensina como contratar os serviços de uma agência, que pode ser solicitado gratuitamente.

O design é um fator decisivo no novo cenário competitivo e não há mais por que as empresas de todos os tamanhos deixarem de oferecer aos seus produtos boas embalagens, funcionais e atraentes.

No futuro existirão apenas dois tipos de empresas no segmento de produtos de consumo. As que têm bom design de embalagem e as que ficaram para trás.

A seguir, estão listados 10 itens que visam a facilitar o entendimento dos empresários sobre a atuação do designer na elaboração do projeto de embalagem.

OS 10 PONTOS-CHAVE PARA O DESIGN DE EMBALAGEM

1º - Conhecer o Produto

As características, a composição do produto, seus diferenciais de qualidade e principais atributos, incluindo seu processo de fabricação, precisam ser compreendidos.

Uma visita à fábrica é necessária e recomendada. A história do produto, o material de divulgação, anúncios, pesquisas de embalagens antigas, tudo isso precisa ser levantado.

2º - Conhecer o Consumidor

Saber quem compra e utiliza o produto é fundamental para estabelecer um processo de comunicação efetiva por meio da embalagem.

O conhecimento do consumidor é tão importante que projetos de grande responsabilidade devem contar sempre com o apoio de pesquisas especializadas em avaliar a relação desse consumidor com a embalagem.

3º - Conhecer o Mercado

O mercado onde o produto participa tem suas características próprias. Tem história, dimensões e perspectivas. É um cenário concreto que precisa ser conhecido, estudado e analisado para que o design da embalagem não seja um salto no escuro.

O fabricante do produto deve fornecer as informações que dispuser sobre o mercado ou buscá-las nas fontes de pesquisa para subsidiar o projeto de design.

4º - Conhecer a Concorrência

Por melhor que seja o design, de nada ele adiantará ao produto se não conseguir enfrentar a concorrência no ponto de venda.

Conhecer *in loco* as condições em que se dará a competição é fundamental para o design de embalagem. Estudar o ponto de venda, cada um dos concorrentes, analisar a linguagem visual da categoria e compreendê-la são pontos-chave para a realização de projetos de sucesso.

5º - Conhecer Tecnicamente a Embalagem a ser desenhada

A linha de produção e de embalamento, a estrutura dos materiais utilizados, as técnicas de impressão e decoração, o fechamento e a abertura, os desenhos ou plantas técnicas da embalagem a ser desenhada precisam ser conhecidos meticulosamente, tanto para se obter o máximo dos recursos disponíveis como para evitar erros que podem prejudicar o projeto.

6º - Conhecer os Objetivos Mercadológicos

Saber por que estamos desenhando uma embalagem e o que estamos buscando com o projeto é outro ponto-chave que precisa estar bem claro. Os objetivos de marketing, a participação de mercado, o papel da embalagem no mix de comunicação e as diretrizes comerciais do produto precisam ser conhecidos para estabelecer os parâmetros que nortearão o projeto e deverão ser atendidos pelo design final apresentado.

7º - Ter uma Estratégia para o Design

A função da estratégia na metodologia é fazer com que as premissas básicas do projeto sejam equacionadas e indiquem uma direção a ser seguida no processo de design para responder aos projetos traçados.

Esse é o ponto central da nossa metodologia, pois de nada adianta todo o esforço empreendido no projeto se o resultado final não for competitivo.

Posicionar visualmente o produto de forma que se obtenha vantagem competitiva no ponto de venda é o melhor que um projeto de design de embalagem pode alcançar, e a estratégia de design deve sempre buscar esse objetivo.

8º - Desenhar de Forma Consciente

Para atender às premissas estabelecidas e os objetivos mercadológicos do projeto, é preciso que o trabalho de design seja realizado de forma consciente e metódica, e não baseado no impulso criativo.

A criatividade é necessária e desejável, mas precisa ser exercida em favor dos objetivos estratégicos do projeto.

O designer deve aproveitar cada oportunidade para evoluir, e por isso precisa empenhar-se de verdade em cada projeto buscando superar o que já fez no passado.

9º - Trabalhar Integrado com a Indústria

Conhecer a indústria que vai produzir a embalagem é uma das proposições básicas para o sucesso do projeto. Muitos problemas que normalmente ocorrem em projetos de embalagem são evitados com essa providência simples. Porém, o grande benefício do projeto integrado é a possibilidade de encontrar melhores soluções, pois é por meio da indústria que as novas tecnologias chegam aos designers.

O trabalho integrado do designer com a indústria permite à embalagem final se beneficiar da experiência e das melhores soluções tecnológicas em prol do cliente.

10º - Fazer a Revisão Final do Projeto

Quando a embalagem final chegar ao mercado, o designer e o cliente devem fazer uma visita a campo para avaliar o resultado final e propor eventuais melhorias ou ajustes que possam ser incorporados às novas produções e reimpressões.

Só no ponto de venda, em condições reais de competição, é que podemos avaliar o resultado final alcançado.

Texto publicado originalmente no Infopaper, em agosto de 2004.

" **FABIO MESTRINER**

Professor Coordenador do Núcleo de Estudos da Embalagem da ESPM, Escola Superior de Propaganda e Marketing. Coordenador do Comitê de Assuntos Estratégicos da ABRE - Associação Brasileira de Embalagem. Autor dos livros Design de Embalagem Curso Avançado e Gestão Estratégica de Embalagem da Editora Pearson /Prentice Hall (livros adotados por mais de 30 universidades do país). Foi Presidente da ABRE e representante do Brasil no board da WPO World Packaging Organization entre 2002 e 2006. Como designer de embalagem conquistou diversos prêmios internacionais.

# O design no setor joalheiro

O ESTADO DE SÃO PAULO RESPONDE POR 55% DO PARQUE INDUSTRIAL NACIONAL, COM UMA GRANDE CONCENTRAÇÃO DE EMPRESAS NA REGIÃO DA CAPITAL, LIMEIRA, SÃO JOSÉ DO RIO PRETO E INTERIOR DE SÃO PAULO.

DESIGN E INOVAÇÃO: O BINÔMIO CHAVE DA COMPETITIVIDADE NO SETOR JOALHEIRO

Composto basicamente por micro e pequenas empresas, o parque industrial joalheiro instalado no Brasil é o maior da América Latina e possui um enorme potencial de crescimento, tanto de sua pauta de exportações quanto no mercado interno. Dados do Instituto Brasileiro de Gemas e Metais Preciosos indicam que existem mais de 1000 empresas industriais formalmente cons-

1º	África do Sul	376 t
2º	EUA	285 t
3º	Austrália	284 t
4º	China	213 t
5º	Rússia	182 t
6º	Peru	172 t
7º	Indonésia	163 t
8º	Canadá	141 t
9º	Uzbequistão	80 t
10º	Gana	70 t
14º	**Brasil**	**43 t**

Fonte: Conselho Mundial do Ouro

tituídas no Brasil que operam no segmento ouro (joias e folheados) gerando 40 mil empregos diretos. O Brasil é ainda é o 14º produtor mundial de ouro (43 toneladas ao ano em 2003) e uma das maiores províncias gemológicas do planeta, ou seja, temos ampla disponibilidade de matéria-prima e considerável capacidade de produção.

O estado de São Paulo responde por 55% do parque industrial nacional, com uma grande concentração de empresas na região da Capital, Limeira, São José do Rio Preto e interior de São Paulo. O estado responde, ainda, por 25% das exportações de artigos de joalheria, 84% das exportações de artigos folheados a ouro e por 60% do emprego no setor.

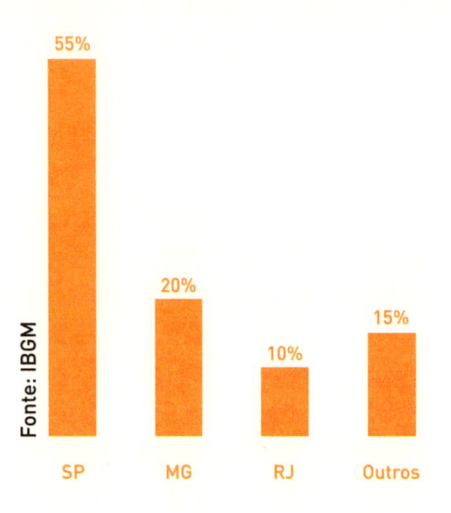

Fonte: IBGM

SP	MG	RJ	Outros
55%	20%	10%	15%

Nos últimos anos, o binômio design e inovação tornou-se o elemento dinâmico e propulsor da indústria nacional de joalheria.

Com o apoio de diversas organizações como o SEBRAE, o Ministério do Desenvolvimento, o Centro São Paulo Design e a

APEX, o design de joias desenvolvido no Brasil vem conquistando espaço e prestígio no mercado internacional. Somente nos últimos 3 anos, o país conquistou mais de 25 prêmios no circuito internacional do design de joias.

O DESIGN INCORPOROU-SE DEFINITIVAMENTE AO ROL DOS ITENS FUNDAMENTAIS PARA O AUMENTO DA COMPETITIVIDADE DA INDÚSTRIA NO MERCADO GLOBALIZADO.

Uma nova e talentosa geração de designers está criando joias de personalidade, diferenciadas, que misturam materiais alternativos como palha, sementes, silicone, madeira, couro, entre outros, com as matérias-primas tradicionais do setor como ouro e gemas. O novo e inusitado estilo que mistura luxo e cultura regional vem conquistando o mercado interno e o mundo.

Diante da crescente convergência dos produtos em termos de qualidade e preço, o design, na verdade, incorporou-se definitivamente ao rol dos itens fundamentais para o aumento da competitividade da indústria no mercado globalizado.

Um exemplo de como a inserção do design modificou a vida de uma comunidade pode ser verificado em São José do Rio Preto. Composto por quase 100 indústrias de joias em ouro, o polo joalheiro de Rio Preto gera 4.000 empregos diretos, fatura aproximadamente US$ 100 milhões por ano e possui uma excelente perspectiva de desenvolvimento. Em outubro de 2003, o Sindijoias-SP, o Centro São Paulo Design - CSPD, o SEBRAE-SP e a Associação dos Joalheiros de Rio Preto iniciaram a implantação do projeto Via Design (*) na região e os resultados são impressionantes. Toda a rede local de empresas, universidades e associações de classe foi mobilizada em torno do tema, os designers atuantes no setor foram cadastrados em uma base de dados própria e estimulados a participar de cursos, palestras e concursos. Um dos designers cadastrados ganhou, em junho deste ano, a etapa estadual do Prêmio IBGM de Design e dois outros ficaram entre os finalistas do Samshin International Diamond Jewelry Design Award e do AngloGold Design Fórum.

AS EXPORTAÇÕES DE JOIAS CRESCERAM, EM MÉDIA, 25% AO ANO NOS ÚLTIMOS 05 ANOS.

Sensibilizadas para a questão do design como ferramenta competitiva, várias empresas do polo contrataram designers exclusivos ou "free lancers", incorporando um conceito e uma "história" por trás de seus produtos.

Os exemplos de sucesso de empresas que utilizam a gestão do design em todo o seu processo operacional (criação, produção e comercialização) são inúmeros e o nosso espaço é limitado. Um dado estatístico, no entanto, é revelador da importância do design e da inovação: as exportações de joias cresceram, em média, 25%

ao ano nos últimos cinco anos. Grande parte dessa "performance" deve ser creditada ao design, à inovação e à criatividade do designer e do empresário brasileiro.

(*) VIA DESIGN
MISSÃO DO PROGRAMA
Elevar a competitividade das micro e pequenas empresas no mercado nacional, contribuindo também para promover sua participação nas exportações por meio da utilização do design como elemento de agregação de valor em produtos e serviços.

OBJETIVOS DO PROGRAMA
→ Apoiar o desenvolvimento do design no país e sua inserção no processo produtivo, fortalecendo alianças entre a oferta e a demanda;
→ Aumentar a participação das micro e pequenas empresas no quadro das exportações brasileiras;
→ Otimizar o processo produtivo das micro e pequenas empresas, visando à redução do custo final e ao incremento da qualidade dos produtos e serviços;

→ Incentivar a criação e o desenvolvimento de novas micro e pequenas empresas por meio de apoio aos empreendedores via incubadoras de empresas;
→ Conscientizar a sociedade sobre o conceito e a importância do design;
→ Sensibilizar instituições para atuarem em design no ambiente das micro e pequenas empresas;
→ Apoiar a estruturação de Redes Estaduais de Centro e Núcleos de Inovação e Design voltadas ao desenvolvimento do design e à prestação de serviços de consultoria para micro e pequenas empresas;
→ Viabilizar o acesso e o uso do design pelas micro e pequenas empresas.
Fonte: www.sebrae.com.br

Texto publicado originalmente no Infopaper, em setembro de 2004.

" ECIO BARBOSA
DE MORAES

Diretor do IBGM - Instituto
Brasileiro de Gemas e Metais
Preciosos

Avaliação de ciclo de vida

AS EMPRESAS NO BRASIL TÊM SE PREOCUPADO CLARAMENTE EM DIMINUIR OS IMPACTOS AMBIENTAIS CAUSADOS POR SUAS ATIVIDADES NO ENTORNO DOS "SITES" INDUSTRIAIS.

DESIGN E MEIO AMBIENTE

Os efeitos dos impactos ambientais gerados pela expansão indiscriminada das atividades humanas são vistos, sentidos e comprovados cientificamente em todo o planeta. Para interromper esse processo de degradação ambiental, segmentos da sociedade do mundo inteiro, inclusive do Brasil, inclinam-se para adoção de um modelo de produção capaz de conciliar crescimento econômico, proteção ambiental e bem-estar social – as três dimensões clássicas do desenvolvimento sustentável.

Nesse contexto, não é mais possível conceber qualquer atividade de design, sem considerar o conjunto das relações que, durante seu ciclo de vida, o produto ou processo terá com o meio ambiente.

As empresas no Brasil têm se preocupado claramente em diminuir os impactos ambientais causados por suas atividades no entorno dos "sites" industriais. Na década de 1990, verificou-se um crescimento acentuado de certificações de Sistemas de Gestão Ambiental baseados na norma ISO 14.001. No entanto, na visão do desenvolvimento sustentável, as responsabilidades de uma organização ultrapassam as fronteiras da sua localização geográfica. O processo de globalização, com a consequente inserção global de diversos produtos e serviços, antes fornecidos apenas em escala local, contribui para evidenciar que as atividades e, por consequência, os impactos das organizações, não devem mais ser encarados como pontuais ou locais, mas sim globais.

Nesse novo contexto, uma abordagem objetiva e holística de aspectos e impactos ambientais associados a produtos, processos ou atividades ganhou evidência. Denominada Avaliação de Ciclo de Vida – ACV – essa metodologia quantifica as entradas e saídas de matéria e energia de um sistema e classifica esse fluxo em categorias de impactos ambientais.

ACV E NORMAS ISO

NORMA	TÍTULO	ISO	ABNT
ISO 14.040 ACV - Princípios e Estrutura		1997	2001
ISO 14.041 AVC - Definição do escopo, objetivos e análise do inventário		1998	2004
ISO 14.042 AVC - Avaliação dos impactos do ciclo de vida		2000	2004
ISO 14.043 AVC - Interpretação		2000	NP
ISO TS 14.048 AVC - Documentação e formatação de dados		2002	NP
ISO TS 14.047 Exemplo de aplicação da ISO 14042		2003	NP
ISO TS 14.049 Exemplo de aplicação da ISO 14041		2000	NP
ISO TS 14.062 Integração de aspectos ambientais no projeto e desenvolvimento do produto		2000	NP

A difusão de estudos de ACV fez necessária a publicação de uma série de normas ISO e relatórios técnicos, que embora não sejam certificáveis, preconizam os conceitos e aplicações da metodologia. Algumas dessas normas já foram traduzidas pela ABNT, outras ainda estão em processo de tradução. Na página anterior, pode-se verificar as referências normativas sobre o tema e o ano de publicação pela ISO e pela ABNT.

O INVENTÁRIO DE CICLO DE VIDA CONSISTE EM MEDIR EM UNIDADES MÁSSICAS (OU EM OUTRAS) TODAS AS ADMISSÕES E EMISSÕES DO SISTEMA ANALISADO.

ESTUDOS DE ACV

Um estudo de avaliação de ciclo de vida completo deve contemplar a retirada de materiais do meio ambiente, a ocupação e a transformação dos solos e da água e a disposição de substâncias ao meio ambiente em todas as etapas envolvidas no processo produtivo, no uso e disposição de um determinado produto, desde a extração dos recursos naturais até o destino final do produto. A esse processo de quantificação dá-se o nome de Inventário de Ciclo de Vida.

Em outras palavras, o Inventário de Ciclo de Vida consiste em medir em unidades mássicas (ou em outras) todas as admissões e emissões do sistema analisado. Normalmente, é uma atividade que demanda muito tempo e recursos humanos e financeiros. Como alternativa, pode-se utilizar bancos de dados contidos na literatura pertinente. Esses bancos de dados trazem, para os processos mais usuais, um Inventário Ambiental. No Brasil, não existem bancos de dados de domínio público que possam ser utilizados, o que aumenta a complexidade dos estudos. Situação oposta é encontrada em outros países, como Suécia, Dinamarca, Alemanha e outros, onde existem bancos de dados validados dos principais processos produtivos, de geração e distribuição de energia, de transporte, de matérias-primas etc. A utilização de bancos de dados internacionais para estudos brasileiros, embora represente uma alternativa, deve ser feita com muito cuidado, pois normalmente, os dados internacionais não representam a realidade nacional.

MEIO AMBIENTE
Extração de minérios e combustíveis fósseis
Uso do solo, ocupação e transformação

↓ ↓ ↓ ↓ ↓ ↓

Energia • Processos
Transporte
Uso • Descarte

↓ ↓ ↓ ↓ ↓ ↓

NO_2 • SO_2 • NH_2 • PO_2 • Pesticidas
Metais pesados • CO_2 • CFC
Nuclídeos • SPM • VOC • PAH

Como exemplo de aplicação da metodologia de ACV, pode-se analisar a cadeia envolvida no processo de fabricação de uma embalagem plástica de um bem de consumo. O processo inicia-se na extração do petróleo, craqueamento, separação das frações, obtenção dos monômeros, polimerização, transporte do polímero até o transformador de embalagem, os processos de sopro ou injeção e seus aditivos, transporte da embalagem até o envasador, o processo de envase, o transporte até o ponto de venda, o uso pelo consumidor e o descarte final. Quantificando todas as substâncias trocadas com o meio ambiente – entradas e saídas – ao longo desses processos, obtém-se uma tabela de declarações mássicas – o Inventário Ambiental.

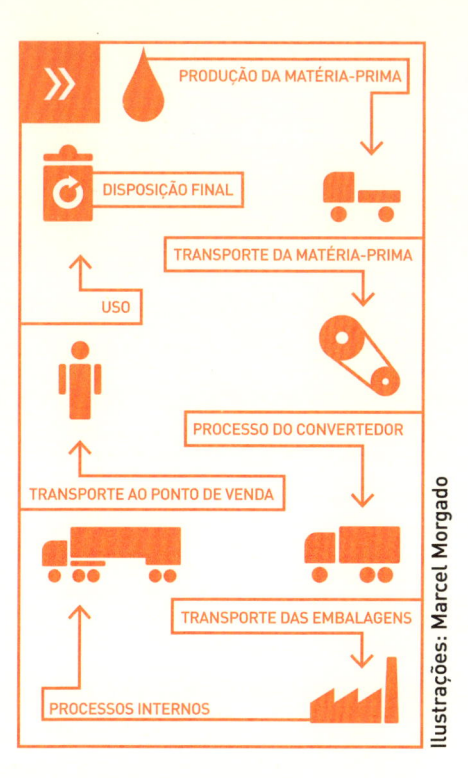

A TOMADA DE DECISÃO BASEADA EM MAGNITUDE DE IMPACTO AMBIENTAL É MAIS OBJETIVA DO QUE A BASEADA EM DADOS DE INVENTÁRIO DE CICLO DE VIDA.

Através de metodologias existentes, como por exemplo o Eco-Indicator 99, os dados de emissões e admissões podem ser tratados, caracterizados e categorizados em impactos ambientais, como forma de acessar a importância relativa do impacto das substâncias do Inventário Ambiental, de acordo com as normas da série ISO 14.040.

Assim, cada substância será associada a uma ou mais categorias de impacto ambiental. Ao final dessa classificação, soma-se a magnitude relativa de cada substância na respectiva categoria de impacto ambiental para se obter um indicador de impacto naquela categoria. A tomada de decisão baseada em magnitude de impacto ambiental é mais objetiva do que a baseada em dados de Inventário de Ciclo de Vida.

INVENTÁRIO AMBIENTAL
Extração de minérios e combustíveis fósseis
Uso do solo: ocupação e transformação
NO_3 • SO_3 • NH_3 • Pesticidas • Metais Pesados
CO_2 • CFC • Nuclídeos • SPM • VOC • PAH

↓ ↓ ↓ ↓ ↓ ↓

IMPACTO AMBIENTAL (INTERMEDIÁRIO)
Carcicogênico • Respiratório Orgânica
Respiratório Inorgânico • Mudanças Climáticas
Radiação • Camada de Ozônio • Ecotoxidade
Acidificação • Eutroficação • Uso da Terra
Mineirais • Recursos Não-Renováveis

↓ ↓ ↓ ↓ ↓ ↓

IMPACTO AMBIENTAL (FINAL)
Saúde Humana • Qualidade de Ecossistema
Recursos

Embora as normas da série ISO 14.040 não recomendem a representação do impacto ambiental de um produto em um único indicador, o que muitas empresas fazem, para análise gerencial interna, é atribuir um fator de normalização e ponderação a cada categoria de impacto ambiental e em seguida somar o indicador normalizado e ponderado de cada categoria em um único número. Esses fatores estão presentes em algumas metodologias de caracterização de impacto ambiental e sua adoção, embora, como dito anteriormente, não preconizada pelas normas ISO 14.040, facilita a tomada de decisão pelos membros da alta administração de uma organização.

O PROCESSO DE MUDANÇA DOS PADRÕES DE PRODUÇÃO PASSA NECESSARIAMENTE POR UM PROCESSO DE MUDANÇA DE CULTURA DA ORGANIZAÇÃO.

CONCLUSÃO

Nos últimos dois anos, tem-se observado um maior envolvimento da sociedade científica e de algumas empresas para fomentar a criação de um núcleo nacional de conhecimento sobre o tema. A periódica realização de congressos e a recente fundação da Associação Brasileira de Avaliação de Ciclo de Vida certamente vêm agregar nesse sentido.

Embora as determinações legislativas e as pressões sociais indiquem um sentido mais sustentável na condução dos negócios, nenhuma organização conseguirá obter sucesso na adoção de práticas mais sustentáveis se não incluir esse tema na pauta do seu planejamento estratégico. O processo de mudança dos padrões de produção passa necessariamente por um processo de mudança de cultura da organização. Para isto, não basta escrever e dissertar declarações e políticas sustentáveis, mas sim torná-las realidade, incluindo indicadores de sustentabilidade no processo de avaliação e tomada de decisão da organização. Nesse sentido, ACV é uma das metodologias que contribuem para explicitar os potenciais impactos ambientais, definir prioridades de ação corretivas e, ainda mais importante, prever alternativas de design de produto menos impactantes.

Os dados podem ser analisados para se determinar qual etapa de um determinado processo produtivo é a mais impactante ou ainda para comparação entre processos diferentes para obtenção do mesmo produto. No entanto, antes da publicação de dados para o público externo à organização, o estudo deve ser submetido a uma avaliação crítica de terceira parte.

BIBLIOGRAFIA

GOEDKOOP, M.; SPRIENSMA, R.; *The Eco-Indicator 99* - A damage oriented method for Life Cycle Impact Assessment, 2nd edition, 2000;

Norma ISO 14.040 - *Gestão Ambiental* - Avaliação do Ciclo de Vida - Princípios e Estrutura;

Norma ISO 14.062 - *Gestão Ambiental* - Integração de aspectos ambientais no projeto e desenvolvimento do produto.

Texto publicado originalmente no Infopaper, em outubro de 2004.

ALESSANDRO MENDES

Fundador da Associação Brasileira de Avaliação de Ciclo de Vida. Atua na Natura como Diretor de Desenvolvimento de Produtos.

34

Design
e gestão
estratégica

"O PODER DO DESIGN ESTÁ NA SUA HABILIDADE DE TRANSFORMAR IDEIAS EM IMPLEMENTOS, SERVIÇOS, ARTEFATOS, COMUNICAÇÕES, AMBIENTES, SISTEMAS OU ORGANIZAÇÕES."

POR QUE O DESIGN TORNOU-SE ELEMENTO CHAVE DO DIFERENCIAL COMPETITIVO?

O sucesso de uma empresa hoje no mercado depende de uma clara vantagem competitiva. Essa vantagem está diretamente relacionada aos produtos e serviços que ela oferece ao mercado, responsáveis pela construção e consolidação da identidade de sua marca. E como a concorrência no mercado globalizado é acirrada e o consumidor tende a se tornar cada vez mais consciente e exigente, quando a empresa atinge patamares equivalentes de qualidade em relação a seus concorrentes, como evitar a estratégia de redução de preços, insustentável para as pequenas empresas?

Por meio da busca da inovação, diferenciação, confiabilidade, reconhecimento, enfim, da agregação de valor à sua marca, produtos e serviços. Esse é o terreno específico do DESIGN.

Daí muitos profissionais de marketing reconhecidos internacionalmente afirmarem que "o design é o segredo, a chave do sucesso", como afirma Tom Peters. O designer romeno Alexander Manu pontua bem o porquê dessa afirmação: "O poder do design está na sua habilidade de transformar ideias em implementos, serviços, artefatos, comunicações, ambientes, sistemas ou organizações." O design dá forma a sonhos, projetos, intenções, ao solucionar problemas, atender a necessidades, ou mesmo antecipar-se a elas, de modo a valorizar identidades, a proporcionar satisfação, melhores condições de vida, relações mais humanas e interfaces mais adequadas entre homem, objetos e ambiente.

QUANDO ALGUÉM CRIA UM OBJETO, UMA MENSAGEM VISUAL, PARTE DE UMA INTENÇÃO E DÁ A ELES UM DESTINO, UMA FUNÇÃO, UM NOME, UMA CARA, UMA IDENTIDADE.

O QUE É DESIGN AFINAL?

A dificuldade começa justamente pelo fato de não termos uma palavra equivalente em português, que permita uma compreensão adequada de seu significado, de imediato. Desenho, reduz a atividade à mera execução ou reprodução de um objeto ou imagem, com instrumentos manuais de traço; por outro lado, projeto, que incorpora o aspecto do planejamento, da intencionalidade, é muito amplo, sendo aplicável a diversas outras áreas do conhecimento. Uma pista inicial nos dá o termo desígnio, que, embora utilizado com enfoque totalmente diverso, incorpora aspectos-chave do design, como: destino e designação. Quando alguém cria um objeto, uma mensagem visual, parte de uma intenção e dá a eles um destino, uma função, um nome, uma cara, uma identidade.

A definição internacionalmente mais difundida de design foi elaborada por Tomás Maldonado, um dos principais teóricos da área. "Design é uma atividade de projeto que consiste em determinar as propriedades formais dos objetos a serem produzidos industrialmente. Por propriedades formais entende-se não só as características exteriores mas sobretudo as relações estruturais e funcionais dos objetos". De acordo com essa definição, fazer design envolve um método, um processo de planejar, projetar, desenvolver onde a preocupação não se limita à superfície externa, à casca dos objetos, mas envolve uma metodologia, visando a adequar esses produtos à fabricação, comercialização e uso.

O DESIGN SE TORNA UMA FERRAMENTA PARA DIFERENCIAÇÃO COMPETITIVA DE PRODUTOS E SERVIÇOS; UMA ALTERNATIVA MAIS VANTAJOSA, AO PRODUZIR UMA MELHOR RELAÇÃO PREÇO/VALOR TOTAL PERCEBIDO.

Em segundo lugar, design é o resultado desse processo, ou seja, a configuração desse objeto ou mensagem, incluindo todos os desenhos e instruções para sua reprodução. O design, além de se diferenciar de outras práticas pelo método com que gera formas, também produz um resultado: a configuração de um produto, imagem ou sistema de mensagens visuais. E tem uma forma característica de apresentar esse resultado, de entregá-lo para produção, por meio de:

→ Desenhos e ilustrações – vistas, perspectivas, detalhes etc;
→ Instruções – listas de materiais, acabamentos, montagem etc;
→ Modelos – representações do objeto em tamanho real ou menor, para melhor visualização da proposta;
→ Protótipos – representações do objeto em tamanho real, usadas para testes.

Por outro lado, a finalidade primeira do design é oferecer um resultado externo: um valor superior para as pessoas e a sociedade. Sob esse enfoque, o design se torna uma ferramenta para diferenciação competitiva de produtos e serviços; uma alternativa mais vantajosa, ao produzir uma melhor relação preço/valor total percebido. Pode-se associar a esse enfoque a definição de Alexander Manu, segundo a qual "design é a atividade consciente de combinar, de modo criativo, invenção tecnológica com inovação social, com o propósito de auxiliar, satisfazer ou modificar o comportamento humano."

Numa visão mais ampla do design, ele atua numa empresa como agente de integração, pois procura integrar, na solução que cria, as necessidades das áreas de marketing, engenharia e planejamento, a tecnologia disponível, além das demandas dos clientes. No processo do design a integração é um dos aspectos chave. Exigências prévias de desempenho, qualidade, durabilidade, aparência e custos, necessariamente deverão ser conciliadas na solução desenvolvida; caso contrário, o produto fracassa no mercado. Por outro lado, o design não se limita aos produtos, mas abrange embalagens, rótulos, marcas, manuais, campanhas promocionais, enfim, tudo que compõe a identidade da empresa no mercado.

O DESIGN DEVE PARTICIPAR DAS DEFINIÇÕES ESTRATÉGICAS DA EMPRESA A PARTIR DO NÍVEL DECISÓRIO MAIS ALTO, INTERAGINDO E INTEGRANDO-SE COM TODAS AS ÁREAS RELEVANTES.

E por essas razões, o design contribui para que as empresas atinjam seus objetivos, adequando suas capacidades e competências ao seu ambiente de atuação. No entanto, para que os objetivos da empresa estejam claramente expressos em seus produtos e serviços, na sua marca e aplicações, o design deve participar das definições estratégicas da empresa a partir do nível decisório mais alto, interagindo e integrando-se com todas as áreas relevantes. Design é estratégia.

Assim, ao contrário do que se pensava até pouco tempo atrás, o design não deve ser visto apenas como uma "maquiagem" final, para tornar um produto mais atrativo. O designer não deve ser chamado apenas no fim do processo de desenvolvimento. O quadro a seguir ilustra como ampliou-se a atuação do designer nas empresas, do ponto de vista estratégico.

AMPLIAÇÃO ESTRATÉGICA DA ATUAÇÃO DO DESIGNER DENTRO DAS EMPRESAS

DESIGN: SOLUÇÃO DE PROBLEMAS

Integração →
↑
Estratégia
↑
Valor ←

PRINCIPAIS ÁREAS DOS DESIGNERS

Processo
↓
Configuração
↓
Produto

Fonte: MAGALHÃES, Claudio Freitas de. Design estratégico – integração e ação do design industrial dentro das empresas. Rio de Janeiro: SENAI/DN, SENAI/CETIQT, CNPq, IBICT, PADCT, TIB, 1997.

DESIGN: ANTECIPAÇÃO DE PROBLEMAS, BUSCA DE OPORTUNIDADES

ESTRATÉGIAS COMPETITIVAS E GESTÃO DO DESIGN DE NOVOS PRODUTOS

Existem diversas formas de se classificar as estratégias competitivas das empresas em relação aos seus produtos. Diversos autores apontam três estratégias genéricas principais: liderança em custos, diferenciação e concentração. A escolha da estratégia é fundamental para obtenção de uma vantagem competitiva no mercado e depende do perfil da empresa, da posição que almeja ter no mercado, da imagem que quer criar junto a seu público. E todas elas exercerão influência direta nas diretrizes da empresa para o design de novos produtos.

No caso da estratégia adotada ser "liderança em custos", as principais recomendações para o processo de design são:

→ Economia de materiais;
→ Simplificação da fabricação;
→ Facilidade de montagem;
→ Melhorias na estocagem e transporte.

Na estratégia de diferenciação, o design se orientará para:

→ Melhoria da qualidade do produto;
→ Melhoria de suas características funcionais ou formais.

Pode orientar-se para a criação de uma nova imagem, única e diferenciada das demais, ou gerar uma solução que estabeleça custos para mudanças, isto é, force o consumidor a tornar-se fiel à marca, pela substituição de componentes ou aquisição de peças complementares.

A estratégia de concentração consiste em eleger um ou mais segmentos de um setor e dedicar-se exclusivamente a eles. Baseia-se na capacidade de escolha, dentro de um mercado, de grupos de clientes com necessidades muito específicas e concentrar-se neles. Na estratégia de concentração, o design do produto procurará satisfazer as necessidades dos consumidores do segmento escolhido, melhor que os competidores.

COMO UMA EMPRESA PODE REFLETIR SOBRE A NECESSIDADE DE INTRODUZIR MAIORES OU MENORES INOVAÇÕES EM SEUS PRODUTOS?

TIPOS DE PRODUTOS CONFORME O GRAU DE INOVAÇÃO

Com relação ao grau de inovação a ser introduzido no novo produto, eles podem ser classificados em:

→ Reposicionados, quando as características físicas são mantidas, mas a percepção e a imagem para o público são modificadas;

→ Reformulados, quando algumas características físicas são mudadas, sem alteração da função fundamental do produto. Essas mudanças podem voltar-se à ampliação do campo de aplicação do produto, à redução de custos de fabricação, à comercialização ou ao aumento da sua confiabilidade;

→ Originais, quando suas características físicas, funcionais e conceituais são fortemente diferentes dos produtos anteriores.

Como uma empresa pode refletir sobre a necessidade de introduzir maiores ou menores inovações em seus produtos? Evidentemente, em primeiro lugar, a empresa deve monitorar o desempenho do produto no mercado, sua posição em relação aos concorrentes, além de eventuais novas descobertas tecnológicas, surgimento de restrições legais ou econômicas. No entanto, via de regra, observando-se os segmentos de produtos de grande consumo, de consumo durável e de bens de capital, verifica-se que:

→ No segmento de produtos de grande consumo, o reposicionamento do produto é mais crítico e mais frequente, pois o mercado correspondente é muito dinâmico, os produtos têm ciclo de vida mais curto (produtos embalados para rápido consumo - PERCONS) o número de empresas concorrentes é maior e existe forte influência de mudanças comportamentais;

→ Já o mercado de produtos de consumo durável é mais estável, compõe-se de menos empresas, e nele, a substituição de produtos é mais lenta; quando se pretende comprar uma nova geladeira, por exemplo, procura-se evoluções tecnológicas e funcionais em relação ao modelo anterior, em geral. Dessa forma, nesse segmento, a ênfase maior é a reformulação de produtos;

→ Finalmente, no segmento de bens de capital, ou industriais, a substituição de produtos é ainda mais lenta. Um pequeno empresário, por exemplo, compra uma nova máquina a cada cinco ou dez anos. Quando isso ocorre, provavelmente estará em busca de um novo patamar competitivo, ou abrindo outro nicho de negócio; nesse cenário, a incorporação de uma nova tecnologia, um novo sistema de produção, é fundamental. Daí a ênfase no desenvolvimento de produtos originais.

Essas são algumas considerações básicas, que ilustram a importância de se considerar hoje o design como uma peça-chave do planejamento e gestão estratégica empresarial, no cenário competitivo atual. Isto sem tocar na questão fundamental da imagem corporativa, na qual tem papel crítico na implementação de um sistema coerente de identidade visual, um trabalho de design gráfico, que vai muito além da criação de um logotipo. Fica a sugestão do tema para um novo Infopaper.

BIBLIOGRAFIA

BONSIEPE, Gui. *Design do material ao digital.* Florianópolis: FIESC/IEL, 1997. 192 p.

UNIVERSITY OF INDUSTRIAL ARTS HELSINKI. *Design as corporate strategy.* Helsinki: University of Industrial Arts, 1989. 69 p. (Design Management: a key to success, vol. 1).

Fórum ICSID Design Mercosul. Florianópolis: FIESC/SENAI/LBDI, 1995. 231 p.

MAGALHÃES, Claudio F. de. *Design estratégico:* integração e ação do design industrial dentro das empresas. Rio de Janeiro: SENAI/DN, SENAI/CETIQT, CNPq, IBICT, PADCT, TIB, 1997. 32 p.

CENTRO PORTUGUÊS DE DESIGN. Manual de Gestão de Design. (Coleção Design, Tecnologia e Gestão). Lisboa: Editora Bloco Gráfico, 1997.

MONTAÑA, Jordi. *Cómo diseñar un producto.* Madrid: Instituto de la Pequeña y Mediana Empresa Industrial, 1989. 64 p. (serie manuales IMPI 24).

_____. *Diseño y estrategia de producto.* Barcelona: Fundación BCD, s.d. 53 p. (Coleción temas de diseño).

WOLF, Brigitte. *Gestão do design.* Brasília: ABIPTI; SEBRAE; CNPq, 1999. 25 p.

Texto publicado originalmente no Infopaper, em novembro de 2004.

CYNTIA MALAGUTI

Designer formada pela ESDI/UERJ; pós-graduada em engenharia de produção pela COPPE/UFRJ; doutora em estruturas ambientais urbanas pela FAU/USP. Especializada nas áreas de Ecodesign e Gestão do Design.

Design: ferramenta essencial para a indústria moveleira

ATUALMENTE O DESIGN ESTÁ AO ALCANCE DAS MICRO E PEQUENAS EMPRESAS ATRAVÉS DA ATUAÇÃO DE UNIVERSIDADES, CENTROS DE PESQUISA E DOS PROGRAMAS DE FOMENTO.

GESTÃO DO DESIGN NA INDÚSTRIA MOVELEIRA

O design não é novidade para muitos segmentos da indústria nacional, como o de eletro-eletrônicos, de informática, de embalagens, automobilístico e até de moda, mas apenas nos últimos 10 anos vem sendo utilizado e reconhecido pela indústria moveleira nacional como um importante fator de competitividade. Atualmente o design está ao alcance das micro e pequenas empresas através da atuação de universidades, centros de pesquisa e dos programas de fomento.

De acordo com o cientista de marketing, Alfred Kotler, estes são os cinco principais componentes do design:

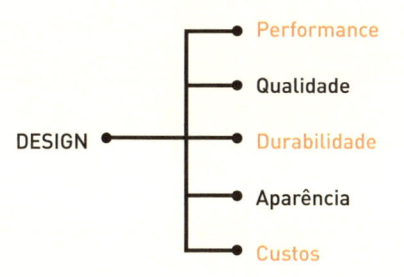

DESIGN
- Performance
- Qualidade
- Durabilidade
- Aparência
- Custos

As vantagens do investimento em design são inúmeras: diferenciação de produtos, redução de custos, aumento da produtividade, conquista de novos mercados etc. Mas ainda há muito o que fazer: primeiramente é preciso que as empresas adotem um modelo de gestão dos serviços de design, e também é preciso que o empresário conheça as competências do designer no desenvolvimento e viabilização de novos produtos, a fim de contratar profissionais com o perfil ideal para a realização do trabalho.

O processo de implantação e gestão do design nas empresas é uma decisão estratégica, e cabe ao empresário dimensionar a atuação do designer em seu negócio, definindo premissas de projeto, de mercado e de orçamento. O que uma empresa pode esperar de um designer? Algumas contribuições podem ser:

DESIGNER	
	Analisar as tendências de mercado;
	Conceituar e planejar novos produtos;
	Introduzir inovação nos produtos existentes;
	Realizar as especificações de uso do produto;
	Elaborar o detalhamento construtivo, os manuais técnicos;
	Especificar materiais de construção e de acabamento do produto;
	Identificar novos materiais e processos de produção etc...

Identificar novos materiais, por exemplo, pode ser a chave para diferenciar um produto e atingir novos mercados. A pesquisa constante é uma das competências do designer, cujo objetivo é trazer a inovação para dentro das empresas. As madeiras alternativas e certificadas são um bom exemplo de desenvolvimento do mercado que começou a partir da ação dos designers, beneficiando diversas micro e pequenas empresas.

Mas atenção: inserir o design na indústria é promover a integração dos diversos departamentos e áreas de conhecimento de uma empresa com foco na competitividade. E essa integração depende da atuação de um gestor, que pode ser o próprio designer ou o empresário. Conforme o produto que será desenvolvido, mais ou menos departamentos serão envolvidos no processo, como por exemplo:

→ **Diretoria** – Qual é a posição atual e/ou pretendida da empresa no mercado?

→ **Design** – O produto é compatível com mercado pretendido?

→ **Engenharia** – O produto corresponde às normas, é eficiente?

→ **Produção** – Há viabilidade em produzi-lo?

→ **Finanças** – Quanto investimento é necessário para produzi-lo?

→ **Marketing** – O produto apresenta um diferencial, contribui para a imagem da empresa?

→ **Vendas** – Como o produto será comercializado?

→ **Cliente** – O produto atende às necessidades do consumidor a um preço compatível?

Adotar o design como ferramenta de diferenciação e competitividade também requer planejamento e preparação da empresa em diversos aspectos:

→ Análise da administração organizacional;

→ Análise dos métodos produtivos, capacidade industrial instalada, layout industrial, fluxos de produção;

→ Análise dos níveis de informatização da empresa;

→ Análise e preparação do RH;

→ Conhecimento e análise do mercado onde a empresa atua e/ou pretende atuar;

→ Conceituação do produto – Definição do que o novo produto deverá transmitir.

Após o planejamento, a etapa seguinte é de projeto propriamente dito, baseada nos conhecimentos técnicos do designer e equipe da empresa.

Temos como exemplo uma pequena indústria de móveis sob medida, com sede em São Paulo, que adotou o processo de Gestão em Design com o objetivo de padronizar seus produtos e processos.

Com a nova política de planejamento e desenvolvimento, essa empresa teve um ganho de produtividade em torno de 20%, considerando a reestruturação do layout fabril e equipamentos.

No produto padrão dessa empresa, a substituição dos painéis de compensado tradicional com folha de madeira pelos painéis de compensado sarrafeado já revestido gerou um ganho de produtividade de 30% na linha de fabricação, pois com a especificação do novo material foram eliminadas as etapas de seleção e junção de lâminas, aplicação de adesivos, prensagem e recorte. Como a lâmina utilizada não é um produto de linha, o designer contatou um fornecedor terceirizado que agora se responsabiliza por tudo: desde a compra da lâmina até a entrega dos painéis na fábrica.

Com a Gestão do Design foi possível até remanejar funcionários para funções compatíveis com seus salários, e principalmente tornar os produtos competitivos.

Após a conclusão do projeto, o designer ainda pode prestar suporte à indústria para implementação de outras políticas como a Gestão da Qualidade e ISO 9.000, Gestão Ambiental e ISO 14.000, Selo Verde etc.

Texto publicado originalmente no Infopaper, em dezembro de 2004.

SILVIA GRILLI

É formada em Desenho Industrial com especialização em design de interiores na Scuola Lorenzo de Medici (Florença). É designer titular da STUDESIGN Projetos e consultora de projetos para indústrias, organizações públicas e universidades, onde atua também como docente nos cursos Design de Produto e Pós-Graduação em Movelaria. Em seu portifólio constam projetos premiados e coleções de móveis desenvolvidas com exclusividade para lojas de design em todo o Brasil. Autora do livro 'Um designer sozinho não faz milagres, Ed. Rosari. Atualmente dirige o portal de pesquisa em tendências www.trendmovel.com.

A proteção legal do design

O DESIGN PODERÁ SER PROTEGIDO POR PATENTE DE INVENÇÃO OU DE MODELO DE UTILIDADE, PELO REGISTRO DE DIREITO DE AUTOR, DE DESENHO INDUSTRIAL OU DE MARCA.

A PROTEÇÃO LEGAL DO DESIGN

O designer pode ser bem sucedido em sua criação, investir muito tempo em pesquisa e chegar a soluções originais para os mais diversos problemas; no entanto, se o produto do seu esforço não estiver protegido legalmente, o resultado poderá ser frustrante, pois sua criação poderá ser copiada, licitamente, por terceiros.

A proteção legal se dá por meio da propriedade intelectual, a qual abrange o direito de autor e a Propriedade Industrial.

O DIREITO DO AUTOR PRESCINDE DO REGISTRO, ISTO É, BASTA QUALQUER DIVULGAÇÃO DATADA LIGANDO O AUTOR À CRIAÇÃO QUE A MESMA ESTARÁ PROTEGIDA.

O design poderá ser protegido por patente de invenção ou de modelo de utilidade, pelo registro de direito de autor, de desenho industrial ou de marca. Dependendo do objeto da criação, a proteção legal adequada será em mais de uma natureza. O conhecimento das naturezas de proteção legal é importante para que um objeto e um padrão gráfico estejam adequadamente protegidos.

A propriedade intelectual é um bem móvel e temporário, dessa forma, poderá ser negociada por cessão de direitos ou por licenciamento de uso.

A proteção legal em propriedade industrial confere ao titular da patente ou do registro de desenho industrial o direito de impedir que terceiro fabrique, comercialize ou importe objeto protegido por patente ou registro de desenho industrial sem o seu consentimento. O direito do autor prescinde do registro, isto é, basta qualquer divulgação datada ligando o autor à criação que a mesma estará protegida. Entretanto, somente o autor tem direito à cópia de sua criação. As joias, por exemplo, podem ser objetos de arte ou produtos industriais, assim como os padrões gráficos podem ser registrados como marcas, desenhos industriais ou por meio do direito de autor, dependendo do objetivo da criação.

AS MARCAS TÊM QUE DISTINGUIR UM PRODUTO OU SERVIÇO DE OUTRO DO MESMO SEGMENTO.

A propriedade industrial difere do direito de autor por seu caráter de aplicação industrial e quanto à territorialidade. As patentes de invenção e de modelo de utilidade, bem como os registros de desenho industrial e de marca, são válidos nos países onde forem depositados. Assim sendo, deverão ser patenteados ou registrados nos países onde houver interesse em que sejam comercializados.

O requisito originalidade está presente nos objetos protegidos por patentes e desenhos industriais. As marcas têm que distinguir um produto ou serviço de outro do mesmo segmento.

Conhecer as naturezas de proteção legal, entretanto, não é suficiente para que o design esteja adequadamente protegido. É necessário que as características do produto sejam observadas. O design em questão poderá ter, além da forma plástica original, um funcionamento original ou uma melhor utilização ou funcionamento, devido à sua forma original.

RESUMINDO OS CONCEITOS

forma plástica original: registro de desenho industrial

funcionamento que apresenta nova solução não prevista no estado da técnica, ou seja, tudo aquilo que já é conhecido: patente de invenção

melhoria de funcionamento devido à nova forma de objeto: patente de modelo de utilidade

sinal distintivo: registro de marca

APLICANDO OS CONCEITOS:

<u>1 - O objeto soluciona problemas existentes de maneira não revelada ou sugerida pelo estado da técnica?</u>

Resposta: patente de invenção.

Problema: o leite condensado enlatado ou não, depois de certo tempo, perde suas características mudando a consistência e o sabor de maneira indesejada.

Solução: patente de invenção de uma embalagem que possui um determinado gás que mantém o produto em perfeitas condições por muito mais tempo.

Problema: as tampas dos copos de requeijão são abertas de forma inadequada, acarretando deformação na tampa e, não raro, ruptura do material metálico que incorre em conformação cortante.

Solução: patente de invenção de tampas contendo um pequeno furo, onde é aplicada uma pequena tampa de fácil retirada. Com a saída do ar, a tampa se desprende sem sofrer deformação.

2 – O objeto possui forma nova que proporciona a melhoria de seu funcionamento?

Resposta: patente de modelo de utilidade.

Problema: o ferro de passar roupa caía quando estava em posição vertical. Tal posição é adotada nos intervalos de troca das peças de roupas a serem passadas e enquanto o ferro de passar estiver esfriando.

Solução: ferros de passar roupa com uma base de apoio suficiente para mantê-lo em posição vertical.

3 – O design não soluciona problemas existentes, apenas tem uma forma plástica original?

Resposta: registro de desenho industrial.

Exemplo: nova embalagem do leite condensado da "Nestlé". A nova embalagem não pretende solucionar problemas técnicos, o objetivo é ser distintiva, original.

No entanto, uma embalagem, por exemplo, poderá ter uma forma externa original (registro de desenho industrial), uma característica original que proporciona um tipo de pega mais adequada (patente de modelo de utilidade), uma tampa com fechamento ou abertura originais que solucionam problemas existentes (patente de invenção) e, por fim, um produto original requer uma marca própria (registro de marca).

SOMOS PRÓDIGOS EM PEDIDOS NACIONAIS DE REGISTRO DE MARCA, DE DESENHOS INDUSTRIAIS E EM DEPÓSITOS DE PATENTES DE MODELO DE UTILIDADE.

O cenário brasileiro atual, relativo à proteção legal por meio da propriedade industrial, é animador. Somos pródigos em pedidos nacionais de registro de marca, de desenhos industriais e em depósitos de patentes de modelo de utilidade. Quanto aos pedidos de patentes nacionais, ainda somos tímidos, infelizmente. Muito se cria neste país, mas o desconhecimento, bem como a complexidade quanto aos processos para a obtenção de uma patente, desanimam o inventor nacional. A leitura da Lei da Propriedade Industrial 9.279/96 e dos atos normativos relativos às marcas, patentes e desenhos industriais aliados ao hábito da pesquisa quanto à novidade e originalidade nos bancos de dados internacionais, são os primeiros passos para o titular da patente, ou do registro de desenho industrial, obter sucesso comercial com o seu produto sem o inconveniente de conviver, no mercado, com design semelhante ao seu.

Texto publicado originalmente no Infopaper, em janeiro de 2005.

" **SUSANA SERRÃO GUIMARÃES**

Designer formada pela UFRJ; mestra em Propriedade Intelectual e Inovação pela Academia de Propriedade Intelectual e Inovação do INPI (Instituto Nacional da Propriedade Industrial); pós--graduada em MBA de Direito da Propriedade Intelectual pela FGV/RJ; exerceu a função de examinadora de registro de desenhos industriais do INPI por 18 anos e ocupa o cargo de Coordenadora-Geral de Indicações Geográficas e Registros, no INPI.

A influência da moda nas empresas

A moda tem sido vista e analisada sob muitos ângulos, desde seus aspectos mais epidérmicos até conotações mais profundas, que ultrapassam a lógica do efêmero e das fantasias estéticas e são entendidas como um sistema.

Neste artigo vamos falar sobre moda, não somente como o desenvolvimento dos modos de vestir das sociedades, mas compreendendo o sentido que está por trás dessa evolução, como reflexo cultural, econômico, político e social. Reflexo que escapa à ideia de frivolidade e, indo além, mergulha na dimensão que vai revelar o espírito de uma época, com seus processos de mudanças e inovações. É por esse viés que se percebe que já há muito tempo a moda deixou o ambiente restrito das passarelas e invadiu o mundo dos negócios.

A DISTINÇÃO ENTRE O VESTUÁRIO MASCULINO E FEMININO REPRESENTOU, TAMBÉM, UMA NOVA ATITUDE NA RELAÇÃO HOMEM/MULHER.

Segundo o filósofo Gilles Lipovetsky (1987) e o historiador de moda James Laver (1989), o surgimento da moda no sentido estrito se deu em meados do século XIV, com a expansão das cidades, a transformação dos espaços urbanos, a organização das sociedades e a diferenciação entre os trajes masculino e feminino. Esse processo iniciou o que Lipovetsky chamou de *a era da sedução*. Foi a partir desse princípio, ligado ao espírito cortês, que a alegria e o prazer – tanto nas batalhas quanto nas festas e nos jogos – introduziram na sociedade o gosto pelas frivolidades, leveza das pequenas alegrias, dos festivais e da poesia romântica dos trovadores.

A distinção entre o vestuário masculino e feminino representou, também, uma nova atitude na relação homem/mulher que, a partir de então, passaram a ter no princípio da sedução um novo código de comportamento. Desse momento em diante a moda foi, pouco a pouco, aumentando a velocidade de suas flutuações, obedecendo aos frêmitos do momento, levada pelo ambíguo desejo de pertencimento e distinção. Foi com o surgimento das sociedades modernas que o gosto pelas novidades se intensificou, passando a funcionar como uma exigência cultural autônoma. A moda, então, está diretamente ligada à formação histórica, social e cultural de uma sociedade, exprimindo, através de suas nuances e ambiguidades, as características do homem ocidental moderno.

A INDUSTRIALIZAÇÃO ALCANÇOU TODOS OS ASPECTOS DA VIDA DO HOMEM, INTERFERINDO EM SEUS HÁBITOS E TRANSFORMANDO SUAS NECESSIDADES E DESEJOS.

A partir do século XVIII, surgiu um sistema de produção e distribuição absolutamente inovador, que interferiu diretamente no sistema da moda. Dentre essas mudanças, impulsionadas pela Revolução Industrial, pode-se destacar o surgimento da máquina a vapor, em 1776, com o consequente desenvolvimento da indústria têxtil, a máquina de costura, por volta de 1860, além da melhoria dos meios de transporte, que ampliaram o circuito de distribuição das mercadorias. Como observa Alvin Toffler (1980), a industrialização foi muito mais do que fábricas e linhas de montagem. Levando o trator aos campos, a máquina de escrever aos escritórios e a geladeira às cozinhas, ela alcançou todos os aspectos da vida do homem, interferindo em seus hábitos e transformando o conteúdo de suas necessidades e desejos.

"Sem os bens de consumo, as sociedades modernas desenvolvidas perderiam instrumentos-chave para a reprodução, representação e manipulação de suas culturas."

Grant McCracken (2003)

AO DESENVOLVER NOVAS TÉCNICAS EM BUSCA DE SOLUÇÕES MAIS EFICAZES, AS INDÚSTRIAS CHEGARAM À REPRODUÇÃO EM SÉRIE COMO FORMA DE LANÇAR, RAPIDAMENTE, MAIS PRODUTOS NO MERCADO.

O surgimento da *sociedade de consumo* teve como marca a elevação do nível de vida, a diversidade de mercadorias e serviços, o culto aos objetos e sua rápida obsolescência, além de um evidente comportamento essencialmente hedonista, numa verdadeira entronização do prazer. Como observa Lipovetsky (1987), "é a regra do efêmero que governa a produção e o consumo dos objetos".

Ao desenvolver novas técnicas em busca de soluções mais eficazes, as indústrias chegaram à reprodução em série como forma de lançar, rapidamente, mais produtos no mercado, democratizando o consumo. Consequentemente, cresceu a demanda, cresceu a oferta e cresceu a concorrência. Os objetivos de *atender necessidades* e *criar necessidades* tornaram-se cada vez mais próximos, perdendo suas linhas demarcadoras, enquanto uma grande mudança ocorria no comportamento do que ficou designado como o *novo consumidor*.

"O novo consumidor está mais bem informado, mais crítico, menos fiel e mais difícil de decifrar."

Kevin Roberts (2004)

Consciente, exigente e bem informado, o consumidor contemporâneo passou a ter uma relação muito mais experiencial e emocional com os produtos, estabelecendo com eles vínculos de outra ordem: não mais através do valor de uso ou do valor agregado, mas de um *valor percebido*.

Como observa Jean Baudrillard (2000), o que se consome atualmente não é o objeto em si, mas o *significado* no qual ele se reveste. Os objetos, revestidos de valores e signos, são oferecidos ao homem contemporâneo como capazes de suprir suas carências internas, tornando-se dessa forma verdadeiros objetos de desejo. No entanto, como a idealidade do objeto não pode preencher esse vazio, ele permanece frustrado em sua necessidade de complementação, gerando uma irreprimível compulsão para o preenchimento dessa realidade ausente. O objeto de consumo surge e se multiplica ao infinito tendo como foco essa ausência interna do homem e, por isso, porque jamais se realiza, ele não tem limites. É por essa via que o sentimento de insaciabilidade leva o consumidor contemporâneo a mergulhar numa verdadeira orgia da *aquisição*.

DIANTE DO IMPERATIVO DO *NOVO*, UMA EMPRESA PRECISA CRIAR CONSTANTEMENTE NOVOS MODELOS, PARA NÃO TER SUA FORÇA DE PENETRAÇÃO REDUZIDA E SUA MARCA ENFRAQUECIDA NO MERCADO.

Diante do imperativo do *novo*, uma empresa precisa criar constantemente novos modelos, para não ter sua força de penetração reduzida e sua marca enfraquecida no mercado. Só que a atenção, hoje, não se volta apenas para a quantidade e a qualidade desses modelos, mas, principalmente, para a conexão emocional que esses novos produtos podem, de fato, estabelecer com o consumidor.

"Somente quando um produto for capaz de prender a atenção do usuário durante um certo tempo, torna-se possível a posse psíquica deste produto, sobrepujando o seu uso prático."

Bernd Löbach (2001)

Uma das grandes contribuições da moda tem sido a de orientar as empresas e indústrias no desenvolvimento de produtos e serviços que possam *falar* a linguagem dos consumidores, fazendo-se entender em suas mensagens. A interlocução entre produtos e consumidores só é possível quando, segundo McCracken (2003), as propriedades simbólicas desses produtos ficam plenamente expostas em suas novas propriedades físicas, como formas, estilos, cores e conceitos.

NÃO BASTA *ENCANTAR* O CLIENTE, É PRECISO IR ALÉM DOS APELOS IMEDIATOS E ESTABELECER COM ELE UMA RELAÇÃO AFETIVA SÓLIDA E DURADOURA.

Embora, em alguns casos, a publicidade ainda enfatize a importância dos valores comerciais como determinantes na definição da qualidade de vida dos consumidores, o discurso dos objetos tem ressaltado, cada vez mais, as relações com o outro, as trocas afetivas e os significados emocionais embutidos em suas mensagens. Lipovetsky (1987) observa que "o frenesi do *sempre mais* não enterra as lógicas qualitativas do *melhor* e do sentimento".

Saber traduzir corretamente a linguagem de conexão entre produtos e consumidores é o grande diferencial que possibilitará o bom posicionamento de uma empresa ou marca no mercado. Não basta *encantar* o cliente, é preciso ir além dos apelos imediatos e estabelecer com ele uma relação afetiva sólida e duradoura, verdadeiramente emocional e baseada na fidelidade e na confiança. Como bem diz Kevin Roberts (2004), "somos consumidores por natureza. Para todos os cidadãos do mundo, seus pertences acrescentam significado à vida. É por isso que os compramos, trocamos, damos, valorizamos e possuímos."

FIQUE ATENTO AOS SINAIS. ELES REFLETEM OS CAMINHOS QUE O GOSTO DO CONSUMIDOR TENDERÁ A PERCORRER.

Para melhor perceber as nuances desse gosto, em constante transformação, deve-se ficar atento aos sinais emitidos pela sociedade. O campo a ser observado é amplo e heterogêneo, abrangendo várias áreas do conhecimento, como: arte, arquitetura, design, tecnologia, comunicação, decoração, filosofia, psicologia, sociologia, economia, política, meio ambiente, ciência, propaganda, mídia, medicina, gastronomia, estética e beleza, entre outras. É importante estar atento aos primeiros sinais de mudança em algumas dessas áreas, desde o surgimento de novos valores morais, cultos religiosos, experimentações culinárias e emergência de países ou governos até novas práticas medicinais e opções sexuais.

As metodologias utilizadas pela moda na pesquisa dos gostos e *desejos futuros* dos consumidores têm sido de grande valia para as empresas que buscam uma interlocução efetiva entre seus produtos/serviços e seus clientes.

BIBLIOGRAFIA

BAUDRILLARD, Jean. *O Sistema dos Objetos*. São Paulo: Perspectiva, 2000.

LAVER, James. *A Roupa e a Moda*: uma história concisa. São Paulo: Companhia das Letras, 1989.

LIPOVETSKY, Gilles. *O Império do Efêmero*. São Paulo: Companhia das Letras, 1987.

LÖBACH, Bernd. *Design Industrial*: bases para a configuração dos produtos industriais. São Paulo: Edgard Blucher, 2001.

McCRACKEN, Grant. *Cultura & Consumo*. Rio de Janeiro: MAUAD, 2003.

ROBERTS, Kevin. *Lovemarks*: o futuro além das marcas. São Paulo: M.Books do Brasil, 2004.

TOFFLER, Alvin. *A Terceira Onda*. Petrópolis: Editora Record, 1980.

A versão original deste artigo foi publicada no Infopaper, em fevereiro 2005.

CIDDA SIQUEIRA

Doutora e Mestre em Design/PUC-Rio, pós-graduada em Educação Estética/UNIRIO; graduada em Moda/UCAM-RJ; pesquisadora do Núcleo de Cenários Futuros/PUC-Rio; coordenadora técnica e docente da Especialização em Design de Joias/PUC-Rio; consultora de Gestão em Design, Prospecção de Cenários, Pesquisa de Tendências e Desenvolvimento de Coleção de Joias.

Inovação
e design

NÃO É NECESSÁRIO SER UM GÊNIO PARA SER INOVADOR, O QUE SE NECESSITA É DE OUSADIA E GESTÃO.

Estamos entrando na era da inovação como principal fator de crescimento, tanto institucional como profissional. A inovação estimula o crescimento econômico. Mesmo quando a economia se mantém incerta, ela é a saída para estar vivo nos negócios. A **inovação é definida como o processo de criar ideias de valor e implantá-las com sucesso.** Ela é sinônimo de mudança em todos os aspectos do negócio: no modelo de gestão, estratégia, processos, produtos, serviços, tecnologia e comportamento.

A inovação depende da cultura inovadora da empresa, da liderança e atitudes individuais e da gestão competente do processo inovador. Estamos entrando na fase da **inovação estruturada**, com pouco espaço para impulsos criativos ou ideias malucas, típicas de empreendedores sonhadores porém sem estratégia. A novidade é que é possivel **aprender** a ser um **profissional inovador**, que se acredita ser o profissional mais requisitado no mercado de trabalho nesses novos tempos. Hoje se sabe que a inovação depende mais do indivíduo do que da tecnologia. Não é necessário ser um gênio para ser inovador, o que se necessita é de **ousadia** e **gestão**.

A EMPRESA FOCADA NO DESIGN

Nos negócios o design é entendido, cada vez mais, como uma atividade essencial, a tal ponto que hoje mais do que falar apenas no uso do **design no negócio**, fala-se em design do proprio negócio. Na edição de Nov-Dez/04, a importante revista HSM Management publicou um dossiê denominado "**A empresa focada no design**", afirmando ser esse o novo modelo de gestão que está sendo adotado pelas empresas de ponta. Essas empresas estão sendo gerenciadas como um *Studio de Design*, criativo e flexível e que seus líderes, mais do que admiradores do design, atuam como verdadeiros designers. A habilidade de design, em sua essência, é a capacidade de captar o mistério de um problema real – seja de design de produto, de marca, design arquitetônico ou design de sistemas – e aplicar a criatividade, a inovação e o conhecimento para apresentar soluções brilhantes que realmente fazem a diferença. Além de ser uma disciplina integradora, o design é um meio muito eficaz de obter inovação, quer através da diferenciação dos produtos ou criação da identidade de marcas, essencial hoje em dia, para competir bem no mercado.

CONCEITUALMENTE O
DESIGN CUMPRE O PAPEL
DE TRANSFORMAR EM
REALIDADE O MUNDO
DAS IDEIAS.

A ERA DO DESIGN

O século XXI está sendo considerado o século do design, tanto pela atração estética em si, como pela crescente indiferenciação tecnológica.

Conceitualmente o design cumpre o papel de transformar em realidade o mundo das ideias. Alia a estética com a tecnologia, dá mais funcionalidade e menores custos, aumentando a atratividade dos produtos e dos ambientes, criando as experiências da marca, sendo esse o grande momento vivido pelo design.

"Mais do que novas fábricas, o que se necessita mesmo são Laboratórios de Design, onde novas ideias e novas estéticas sejam produzidas. Se existe crise, trata-se de uma crise de ideias, e se é mais criativo quanto mais futuro se consegue projetar. O futuro chega graças à experimentação e iniciativas de vanguarda, e a criatividade é o recurso mais fecundo com que o homem conta para superar dificuldades e construir o progresso."

(Domenico De Masi)

A TENDÊNCIA É FAZER DA ESTÉTICA A "ALMA" DAS EMPRESAS E, EM CONSEQUÊNCIA, DO PAÍS.

O design é por excelência o grande parceiro da criatividade e da inovação.

Tanto para os produtos de luxo como os de utilidade, o design é cada vez mais a arma secreta das empresas de sucesso. Produtos de moda, carro, telefones celular, computadores, eletrônicos, relógios, canetas, óculos, acessórios, lojas, embalagens e tantos outros produtos, o último modelo é obsessivamente desejado, onde o design é claramente o fator decisivo na escolha do consumidor. Cada vez mais a grande marca é trocada pela beleza. Assim a tendência é fazer da estética a "alma" das empresas e, em consequência, do país. Para finalizar, para nós brasileiros o design oferece uma grande oportunidade de aplicar nossa criatividade, que é o nosso maior capital. Com ela poderemos conquistar o mundo.

DESIGN É LUCRO

"A maior parte dos investimentos na fabricação de um produto é destinado às máquinas e ferramentas novas. O design não custa quase nada comparado a isso. Num carro, por exemplo, o custo referente ao design não passa de trinta a quarenta dólares. Na indústria automobilística, o design está entre os três mais importantes quesitos na decisão de compra. Para outros produtos, como móveis ou telefones celulares, em geral é o primeiro. Os consumidores estão dispostos a pagar mais por um design atrativo. Melhorar o design é talvez o modo mais rápido e barato de colocar qualidade em seu produto."

(Peter Horbury)

Texto publicado originalmente no Infopaper, em março de 2005

LINCOLN SERAGINI

Presidente da Seragini/Farne-Design de Ideias, Marca e Inovação. Membro da Academia Brasileira de Marketing, Marca Brasil Premium do MDIC, ABeDesign e Instituto da Economia Criativa, professor de pós-graduação em branding, design estratégico e inovação da FIA/USP, FGV/SP e Istituto Europeo di Design.

Você quer ser um designer de sucesso?

Você já deve ter notado que ter talento e formação específica em design não bastam para garantir sucesso nesse mercado. Ele é dinâmico, muito competitivo e, assim que passamos a atuar profissionalmente, nos vem uma certa frustração em relação às nossas expectativas e à realidade.

EMPREENDEDORISMO
Ultimamente, você deve ter se deparado com essa palavra com alguma frequência. Pode ser que ela tenha despertado seu interesse, mas apostaria que não. Afinal, quase sempre os designers estão muito mais preocupados com os detalhes dos seus projetos do que planejando sua inclusão ou crescimento no mercado.

AQUI NO BRASIL, 30% DAS EMPRESAS FECHAM NO SEU PRIMEIRO ANO DE ATIVIDADE. NO QUARTO ANO, SÓ 40% AINDA OPERAM.

Sucede que, a médio e a longo prazos, os designers que terão maiores probabilidades de vencer em suas carreiras serão aqueles que também souberem lidar com os aspectos negociais de seus projetos, em suas próprias empresas, como autônomos ou como empregados. (Isso mesmo! Você também tem que ser empreendedor como funcionário para ascender a posições mais importantes).

Aqui no Brasil, 30% das empresas fecham no seu primeiro ano de atividade. No quarto ano, só 40% ainda operam (dados do SEBRAE). Por outro lado, a rotatividade dos empregados é também muito alta. Visibilidade, política e resultados são algumas questões que têm que estar permanentemente em foco, por quem quer galgar posições mais altas em seu emprego.

10 DICAS DE SUCESSO

Para facilitar sua vida e tornar mais objetivo seu crescimento profissional, vão aqui 10 pontos que você deve trabalhar sempre, de modo que, após algum tempo, eles sejam praticados de forma bem natural, assim como respirar.

1. SONHO

Habitue-se a mentalizar seu objetivo. Construa em sua mente a imagem da sua situação ideal. Nunca perca a propriedade de se energizar com o enorme prazer que essa situação futura irá proporcionar-lhe.

2. DISCIPLINA

Mas não basta querer muito uma coisa. É imprescindível criar as condições necessárias para alcançá-la. Isso é fruto de muita organização. Você tem que estabelecer prioridades e ter muito foco, abrindo mão de tudo que possa dispersar seus esforços.

3. CURIOSIDADE

Por outro lado, não se feche em demasia para questões que aparentemente não lhe dizem respeito. Seja curioso sobre as experiências das outras pessoas. Tenha a humildade de aprender até com quem, aparentemente, não pode ensinar-lhe nada.

4. CONHECIMENTO

As boas ideias nascem a partir do nosso repertório. Pense em sua educação como um processo contínuo. São tantas as novidades que será praticamente impossível você ser ótimo em todas as áreas. Assim, escolha um nicho de conhecimento e busque ser o melhor nele.

5. CORRER RISCOS

Não se acomode ao alcançar uma posição de relativo conforto. O mercado está em constante evolução. Assim, imagine o hoje como mais um "andar da construção do seu arranha-céu". Aprenda a correr riscos calculados, mas que são vitais para mantê-lo competitivo.

6. AMBIÇÃO

Uma boa dose de ambição é altamente saudável. Ela realimenta seus sonhos, amplia seus limites, faz você querer crescer como profissional, como ser humano.

7. PERSISTÊNCIA

Seja persistente... sem ser teimoso! Não desista ao se deparar com o primeiro obstáculo na conquista dos seus objetivos. Por outro lado, não insista no erro. Saiba realizar um recuo tático quando as possibilidades de sucesso não lhe forem muito favoráveis.

8. INICIATIVA

Não tenha medo de assumir posições, de partir para a ação num momento em que todos ficam "em cima do muro". Antecipe-se aos movimentos do mercado, acredite em você!

9. COMPROMETIMENTO

Você é um gerador de riquezas para os seus clientes. Deve ter sempre um forte comprometimento com os resultados dos seus projetos. Isso é fundamental para que novos serviços sejam solicitados... e que você possa negociar melhores honorários.

PROGRAMA DETALHADO DE PROJETO, PRAZOS, VALORES, FORMA DE PAGAMENTO, SÃO DETALHES QUE DEVEM SER NEGOCIADOS E ACERTADOS, ANTES DE SE INICIAR UM TRABALHO.

10. ÉTICA

Todos os pontos que foram aqui abordados só fazem sentido se sua trajetória profissional for balizada por um comportamento ético. Em relação aos seus clientes, colegas, funcionários, fornecedores... enfim, da sociedade como um todo.

Pronto, as ideias estão colocadas, cabe agora a você praticá-las ou não, determinar o seu grau de empreendedorismo. Mas nunca se esqueça de que nosso futuro está sendo construído agora. Não abra mão de planejar cuidadosamente o seu!

É FUNDAMENTAL CONHECER BEM SEU MERCADO, CONCORRÊNCIA, CADEIA DE VENDA, EXPOSIÇÃO, COMPRA, CONSUMO E DESCARTE.

OS CINCO PECADOS CAPITAIS

Ao longo da minha carreira, por inexperiência, cometi muitos erros, mas aprendi muito com eles. Listo aqui aqueles que vejo os designers cometendo com mais frequência. Fique atento!

1. Iniciar um projeto sem uma negociação prévia de honorários. Programa detalhado de projeto, o que está e o que não está incluído na proposta, prazos, valores, forma de pagamento, são detalhes que devem ser negociados e acertados, por escrito, antes de se iniciar um trabalho.

2. Participar de concorrências especulativas. Chamamos assim àquelas em que não há uma garantia de pagamento para

quem participa do processo. É uma demanda cada vez maior dos clientes e um suicídio para quem aceita essas propostas indecorosas, além de prejudicar nossa classe como um todo.

3. Não pesquisar muito antes de iniciar um projeto. Criamos para os consumidores. Não devemos projetar baseados somente nas informações dos nossos clientes. É fundamental conhecer bem seu mercado, concorrência, cadeia de venda, exposição, compra, consumo e descarte. Isso nos diferencia, nos valoriza e aumenta a eficácia do que fazemos.

NUM MERCADO TÃO COMPETITIVO TEMOS QUE TER O ÓTIMO COMO META.

4. Entregar somente o que foi pedido. Temos que ter como objetivo surpreender nossos clientes. Se o que criamos está dentro das suas expectativas, está bom. Mas, num mercado tão competitivo como o nosso, isso não basta. Temos que ter o ótimo como meta.

5. Não voltar a procurar os clientes após um tempo de entrega do projeto. Telefone para saber se o trabalho funcionou, quais os resultados, o que poderia ter sido feito melhor. Estenda o papo com informações sobre o mercado (volte ao item 3), veja se existem novas possibilidades de projetos e aproveite para pedir que ele o indique aos amigos.

Texto publicado originalmente no Infopaper, em abril de 2005.

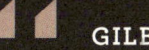

GILBERTO STRUNCK

Designer formado pela ESDI/UFRJ, mestre pela ECO/UFRJ. Professor da EBA/UFRJ. Sócio-diretor da DIA Comunicação de Marketing e autor de vários livros sobre design.

O design e as MPEs

AS MICRO E PEQUENAS EMPRESAS POSSUEM UM PAPEL FUNDAMENTAL E INEGÁVEL NO DESENVOLVIMENTO REGIONAL.

Os números demonstram a grande importância das MPEs, não somente na economia, na participação no PIB, mas também como fonte geradora de empregos, renda e desenvolvimento social. As micro e pequenas empresas possuem um papel fundamental e inegável no desenvolvimento regional.

A economia europeia depende desse setor, que tem sido valorizado por políticas públicas de apoio, não somente fiscais e financeiras, mas principalmente através de um sistema de capacitação e treinamentos dos recursos humanos.

Olhemos mais de perto as nossas MPEs: muitas ainda são informais e funcionam em pequenas oficinas "fundo de quintal", com importância regional ou local.

DADOS ESTATÍSTICOS
EMPRESAS EM ATIVIDADE

O total de empresas em atividade no Brasil no ano de 2002 alcançava 4.918.370 unidades, nos setores da indústria, construção, comércio e serviços (segundo estatísticas gerais mais recentes do IBGE). As microempresas representavam 93,6% do total de firmas, sendo o setor do comércio o mais representativo que atingia 95,4% de firmas desse porte. O conjunto das micro e pequenas empresas alcançava 99,2% do total.

As empresas de grande porte (que empregam 500 ou mais pessoas na indústria e 100 ou mais pessoas no comércio e serviços) representam apenas 0,3% do total de firmas, com 15.102 unidades.

AS MICRO E PEQUENAS EMPRESAS POSSUEM UM PAPEL FUNDAMENTAL E INEGÁVEL NO DESENVOLVIMENTO REGIONAL.

GERAÇÃO DE EMPREGOS

A geração de empregos nas empresas formais alcançava o total de 27.561.924 ocupações em 2002, representando 42% de toda a população economicamente ativa no meio urbano. Deste total, 57,2 % estavam empregadas em micro e pequenas empresas, alcançando 15.757.076 pessoas.

O setor que mais emprega nas microempresas é o comércio, que ocupava 58,9% dos empregos nesse setor.

O segundo setor que mais gera empregos nas microempresas é o de serviços, com 28,8% do total setorial. Nos últimos anos vêm aumentando as exportações das MPEs, mas os números ainda são inexpressivos.

No primeiro semestre de 2004, as microempresas industriais exportaram US$ 62,6 milhões e as pequenas empresas, US$ 734,9 milhões, representando 0,2% e 2,0%, respectivamente, das exportações totais das empresas industriais do país.

O DESIGN NAS MPES

O design como ferramenta de competitividade é encontrado em 40% das pequenas e médias empresas europeias, já no Brasil, esse dado não passa de 10%. Enquanto que 67% das empresas inglesas consideram o design uma ferramenta estratégica indispensável, no Brasil seu uso é praticamente uma exceção.

São inúmeros os fatores da falta de visão estratégica, mas por experiência própria posso dizer que o principal fator é que as nossas empresas lutam dia a dia pela sobrevivência, sem poder estabelecer estratégias que permitam o seu desenvolvimento sustentável a médio e longo prazo. Os empresários, em sua grande maioria, argumentam problemas mais do que conhecidos: juros altos, custos elevados de encargos sociais, aumento de impostos e a falta de uma política pública específica para esse setor, na qual a lei geral das MPEs ainda é um sonho.

Sempre me interessei em discutir mecanismos que permitam introduzir o design nas MPEs, mas como podemos introduzir o design na cultura empresarial?

A resposta não é somente uma questão financeira, pois o design deveria ser considerado um investimento e não um gasto. Citarei a seguir alguns fatores que considero importantes para fomentar o design nas MPEs:

AQUI NO BRASIL, O DESIGN AINDA É UMA FERRAMENTA CONSIDERADA NOVA, AO CONTRÁRIO DA EUROPA, POR EXEMPLO.

Informação e difusão

O correto conhecimento e a consciência de que o design é uma ferramenta estratégica e que a criatividade das nossas empresas pode ser um fator competitivo, não somente no Brasil, mas também no exterior, passa necessariamente pela difusão e massificação da definição do design, ou seja, empresários, políticos e a massa crítica devem enxergar as suas vantagens. Aqui no Brasil, o design ainda é uma ferramenta considerada nova, ao contrário da Europa, por exemplo.

A definição sobre o design no ICSID foi reformulada há alguns anos, e considera o aumento de suas áreas de atuação, além da identificação de suas responsabilidades com a sociedade e o meio ambiente, tirando o foco do produto.

"O design é uma atividade criativa cujo propósito é estabelecer as qualidades multifacetadas de objetos, processos e serviços e seu sistema no ciclo de vida. Assim, design é o fator central da inovação e da humanização das tecnologias e um fator crucial do intercâmbio cultural e econômico.

A responsabilidade do design não é somente em relação ao produto, é preciso também melhorar a sustentabilidade global e a proteção ambiental (ética global), dar benefícios e liberdade a toda a comunidade humana, individual e coletiva, usuários e produtores (ética cultural)" *ICSID*

A FORMAÇÃO DE REDES DE EMPRESAS E/OU CONSÓRCIOS ECONOMIZA OS CUSTOS DO DESIGN, ALÉM DE FORTALECER TODA A CADEIA PRODUTIVA.

Redes e consórcios

A formação de redes de empresas e/ou consórcios, tanto em cadeias produtivas horizontais como verticais, economiza os custos do design, além de fortalecer toda a cadeia produtiva. Tomemos como exemplo a indústria moveleira. Há alguns anos não se encontravam ferragens adequadas de qualidade e com bom design. Esse fator diminuía a aceitação do móvel produzido no Brasil, porém houve uma mudança nos últimos anos, devido justamente à inserção do design em novas ferragens, como por exemplo: rodízios e puxadores.

Linhas de crédito para o desenvolvimento de produtos

Embora existam algumas linhas de crédito para o desenvolvimento de produtos no Brasil, ainda não são suficientes para atender a quantidade de micro e pequenas empresas.

Inserção do design em Centros Tecnológicos

Não podemos falar em desenvolvimento tecnológico sem envolver o design. Existem no Brasil alguns Centros Tecnológicos que descobriram a importância do design como ferramenta fundamental para o desenvolvimento de novas tecnologias e produtos. Nesse caso devo ressaltar que o design não somente participa da etapa final de desenvolvimento de um produto, ou seja, do *make-up*, mas também do início do processo, o qual considera uso de materiais e/ou novos materiais, processos de fabricação, questões funcionais, dentre outras. Posso falar pela minha experiência, que certa vez uma empresa me procurou para desenvolver a carenagem de uma geringonça tecnológica na área médica. *"Sem o design não podemos vender a nossa invenção"* foi o comentário. A solução passou por modificações internas, cujos custos podiam ser evitados.

Nas grandes empresas japonesas, o desenvolvimento cada vez mais rápido de equipamentos somente é possível graças à integração das equipes de engenheiros com o departamento de design.

É POSSÍVEL GERAR SERVIÇOS E PRODUTOS COM UMA IMAGEM REGIONAL PARA UM MERCADO GLOBAL?

Formação de uma identidade nacional

Sobre esta questão existem controvérsias: é possível gerar serviços e produtos com uma imagem regional para um mercado global? Não me refiro às características de mercado, como por exemplo, o design de fogões, para o qual a empresa brasileira Multibrás, através de pesquisas de mercado, tem desenvolvido produtos regionalizados – no Brasil todos os fogões devem possuir uma tampa de vidro, totalmente dispensável em outros mercados. Outra questão importante nos fogões é a energia que utiliza. Na Alemanha, por exemplo, os fogões são elétricos. Eu me refiro à imagem do Brasil como exportador de matéria-prima ou insumos de baixo valor agregado. Considero importante construir a Marca Brasil, sem cair em folclorismos. O Japão, por exemplo, mudou a imagem de país produtor de objetos baratos e cópias, para um país produtor de produtos inovadores e de alta tecnologia.

O FORTALECIMENTO DAS MPES ATRAVÉS DE POLÍTICAS PÚBLICAS FOCADAS NA CAPACITAÇÃO, NO FOMENTO À INOVAÇÃO E LINHAS DE CRÉDITO SERÁ UMA POSSIBILIDADE DE CRESCIMENTO NÃO SOMENTE ECONÔMICO, MAS TAMBÉM SOCIAL E CULTURAL.

O design na educação

É fundamental fomentar as parcerias entre MPEs e Universidades. Outro aspecto que considero importante é a introdução da disciplina design em outros cursos superiores como, por exemplo, Engenharia. Isso facilitaria futuramente o diálogo entre equipes multidisciplinares, ou seja, entre a equipe técnica e a equipe de design.

O fortalecimento das MPEs através de políticas públicas focadas na capacitação, no fomento à inovação e linhas de crédito será uma possibilidade de crescimento não somente econômico, mas também social e cultural, tornando-o mais estável e duradouro. O design sem dúvida faz parte desse processo.

Segue abaixo um questionamento que a sua empresa deve fazer:

A SUA EMPRESA É UMA EMPRESA INOVADORA, CRIATIVA?

1. Você concorda que a inovação e a criatividade são uma vantagem competitiva?
2. Você tem na sua empresa uma área ou uma pessoa que pensa em novas soluções de produto, de processos ou de gestão?
3. Você faz um planejamento estratégico de longo prazo?
4. As decisões importantes são tomadas de forma descentralizada?
5. A visão do negócio é compartilhada com outras pessoas?
6. Você tem uma estrutura empresarial que permite a participação ativa dos seus funcionários?
7. Você tem funcionários criativos?
8. Você faz parte de alguma associação ou outro tipo de organização?
9. Você conhece o seu cliente?

Se a maioria das suas repostas forem SIM, ótimo, a sua empresa está no caminho certo da inovação, caso contrário, procure repensar no seu negócio e faça uma lista do que é possível melhorar, e tenha a certeza de que: O design faz parte de uma empresa criativa. Somente uma empresa aberta à inovação e à criatividade obterá bons resultados com o design.

Texto publicado originalmente no Infopaper em maio de 2005.

" LARS DIEDERICHSEN

Nasceu na Cidade do México em 1966. Após um curso técnico em madeira, entrou na FH Kiel no curso de desenho industrial, formando-se em 1991. Colaborou em 1992 no studio Raul Barbieri em Milão, Itália. Após um período na Cidade do México, onde realizou projetos para várias empresas mexicanas, se estabelece no Brasil em 1993, fundando a Terra Design. Trabalha como consultor para várias instituições como o PNUD, Sebrae, Senac, Senai, Fundação Cultural do Tocantins, entre outras, principalmente na implantação de projetos de design na micro e pequena empresa e em projetos junto a comunidades de artesãos. É sócio-fundador do Instituto Meio para o Desenvolvimento Sustentável.

Gestão estratégica de marca

O QUE É BOM PARA A NIKE É BOM PARA A SAPATARIA?
A cultura do logotipo conquistou o planeta. Há alguns anos, os designers reclamavam que as empresas não valorizavam o design, e não se preocupavam com suas próprias identidades visuais. A cena mudou: todos passaram a querer um logotipo. E o desafio passou a ser outro: combater a aplicação autoconsagrada que tem no logotipo o seu carro-chefe, e o *branding* como pano de fundo.

DOIS MOMENTOS DECISIVOS: O SISTEMA DE IDENTIDADE VISUAL DOS ANOS 1960, E O *BRANDING* DOS ANOS 1990

Para entendermos melhor a situação, vale a pena recuarmos quatro décadas. Na virada do ano 1950 para 1960, as grandes corporações reconheceram a necessidade de controlar a enorme quantidade de mensagens visuais que emitiam de maneira descoordenada. O objetivo era estabelecer parâmetros que garantissem a construção de uma identidade pública compatível com suas características e interesses.

O processo evolutivo desse raciocínio levou à consolidação do conceito de sistema de identidade visual. A peça que sintetiza esse ideário é o manual de identidade visual. Graças à sua inegável eficiência, ele atingiu um estágio próximo à cristalização, tornando-se um receituário aplicado de maneira quase automática: signo de comando claro, conciso e pregnante; família de assinaturas; códigos cromático e tipográfico; princípios diagramáticos; usos permitidos e proibidos; e assim por diante. A cultura do sistema de identidade visual foi assimilada pelas grandes empresas mundo afora, e foi conquistando cada vez mais espaço ao longo dos anos 1960, 1970 e 1980.

O passo seguinte ocorreu durante a década de 90, quando ganhou corpo a teoria do *branding*, responsável pela atualização e expansão do sistema de identidade visual. A ideia básica era a mesma, mas mudava a abrangência da intervenção: ela deixava de ser exclusivamente visual e passava a envolver a própria gestão da marca ou *brand*. O designer passava, então, de gestor de mensagens visuais a gestor de marca. O design corporativo estabelece-se definitivamente como um grande negócio, envolvendo altas cifras e ocupando milhares de profissionais mundo afora.

O *BRANDING* ANUNCIA AO MUNDO QUE O BEM MAIS VALIOSO DE UMA EMPRESA É SUA MARCA

Se nas três décadas precedentes a cultura empresarial já havia se familiarizado com o sistema de identidade visual, o *branding* conquistou espaço ainda mais rapidamente. Ao longo dos anos 90, o mundo dos grandes negócios passou por um processo de mudanças radicais. A Nike é o caso mais emblemático da empresa dos novos tempos midiáticos: ela não fabrica tênis, ela é gestora de uma marca. O tênis... ora, o tênis pode ser fabricado em qualquer parte do mundo, por qualquer empresa terceirizada que atenda a determinados requisitos técnicos.

Essas megaempresas globais, além de consolidarem suas marcas, difundiram entre empresários e designers a cultura do *branding*. Elas anunciam em alto e bom som: o bem mais valioso de uma empresa é sua marca. Quanto vale a marca Nike?

A Marlboro? A McDonald's? Cálculos astronômicos são feitos. O valor das empresas não está mais nas instalações industriais, nos bens materiais. Nada disso. O que vale agora é a marca, e o *know-how* mais precioso não está mais ligado aos produtos, mas à construção e gestão da marca.

O QUE VALE PARA UMA MEGAEMPRESA GLOBAL NÃO SE APLICA NECESSARIAMENTE A UMA EMPRESA LOCAL

Tudo verdade, mas não toda a verdade. Falta dizer que esse raciocínio vale para essas megaempresas, dotadas de um poder de fogo em termos midiáticos que altera radicalmente o perfil do problema. Quem gasta a fabulosa soma de recursos que elas gastam com veiculação nas mais diversas mídias pode literalmente construir a imagem que quiser. E se não gerir muito bem esse montante de recursos, vai gastar dinheiro à toa. Conclusão: o *branding* representa efetivamente um salto qualitativo no tocante à gestão das megamarcas, que colocam em pauta problemas de uma escala e de uma complexidade sem precedentes nas décadas anteriores.

No entanto, daí a aplicar automaticamente os princípios do *branding* às pequenas, médias e até mesmo grandes empresas há uma distância enorme. Quando falamos de Nike, estamos falando de estratégias de comunicação que envolvem as maiores redes de televisão, jornais e revistas do mundo, os principais astros do esporte e do entretenimento, os pontos de mídia exterior mais bem localizados das principais metrópoles do mundo – tudo isso simultaneamente. Pensemos agora na empresa financeira que vive de pequenos empréstimos a pessoas físicas, ou na indústria de parafusos que atende o mercado regional, ou na rede de sapatarias de bairro. Todas essas empresas precisam pensar em construção de identidade, em estratégias de comunicação – mas os instrumentos para analisar e resolver seus problemas são radicalmente diferentes daqueles utilizados pela Nike.

DESIGN NÃO RIMA COM RECEITA: CADA PROBLEMA DE COMUNICAÇÃO EXIGE UMA ABORDAGEM ADEQUADA AO SEU CONTEXTO

Essa comparação mostra a razão pela qual os princípios do *branding* respondem muito mais diretamente aos problemas das megaempresas, ao passo que, em outras escalas, o melhor caminho não passa inapelavelmente pela aplicação de uma versão simplificada desse mesmo receituário. Quantidade implica qualidade. Projetos envolvendo quantidades distintas de mensagens nos obrigam a abordagens distintas. As soluções para os problemas de comunicação de uma rede nacional de clínicas médicas são bem diferentes daquelas destinadas ao médico autônomo atendendo a uma clientela fiel em seu consultório.

Uma coisa é certa: design não rima com receita. Projetos de identidade devem ser resolvidos a partir de uma avaliação das especificidades de cada caso, e não pela aplicação de esquemas prontos, por mais glamurosos que pareçam. Atualmente, todo mundo quer ter um logotipo. No entanto, nem sempre um logotipo e o receituário-padrão que o acompanha são a solução.

Texto publicado originalmente no Infopaper, em junho de 2005.

" CHICO HOMEM
DE MELO

É *designer*, professor da FAU/
USP e sócio da Homem de Melo &
Troia Design.

Próximo desafio: pequenas empresas com foco em design

AVANÇAMOS MUITO NESSE PERÍODO, INDO DO DESCONHECIMENTO DO TERMO INGLÊS DESIGN PARA O USO CONSTANTE DO TERMO PELOS EMPRESÁRIOS DE TODOS OS SETORES.

Nesses últimos cinco anos o Sebrae-SP tem investido e apoiado o design como uma das estratégias de abordagem de maior importância para o crescimento e consolidação das empresas em solo paulista, não somente na questão de desenvolvimento e adequação de produtos, apresentação de seus serviços, construção de sua marca e identidade, mas também na questão da gestão do design.

Nesse período o Sebrae-SP desenvolveu vários projetos que apóiam essa intenção, como o curso SGE – Gestão do Design, que tem o objetivo de fazer com que os empresários direcionem as suas empresas focados na questão de produtos com design e a publicação ABC do Design com mais de 300 verbetes técnicos, demonstrando a importância de se ter um diálogo comum para facilitar o entendimento e relacionamento profissional entre designers e empresários.

Avançamos muito nesse período, indo do desconhecimento do termo inglês design para o uso constante do termo pelos empresários de todos os setores e até a sua inclusão em anúncios e embalagens de seus produtos.

Com o edital Via Design, a infraestrutura do CSPD – Centro São Paulo Design ficou fortalecida e, entre muitas outras atividades em parceria com o Centro, foram criados e apoiados centros e núcleos de design, como o de joias em São Paulo, Limeira e São José do Rio Preto, o núcleo de cerâmica em São Carlos e o núcleo de artesanato nas próprias dependências do CSPD. Este último presta consultoria para o programa de artesanato do próprio Sebrae-SP. Foi lançado um prêmio estadual de design que em sua fase final apresentará cerca de 15 produtos demonstrando o bom design de pequenas empresas paulistas. Também em parceria com o CSPD, foi criada e implementada a série InfoPapers, encerrando, portanto, a participação do Sebrae-SP nessa edição de nº 12, que abordou importantes temas para as pequenas empresas, como design e gestão estratégica, avaliação de ciclo de vida, inovação, análise setoriais e outros.

Ainda com o CSPD, o Sebrae-SP está na iminência de lançar o segundo catálogo do projeto de Novos Materiais, no qual cerca de 40 grandes empresas fornecem gratuitamente as matérias-primas inovadoras para cada designer desenvolver um novo produto utilizando esse material e a pequena empresa desenvolve o protótipo nas suas instalações com seu corpo de funcionários. Ainda neste ano será lançado o Manual de Requisitos Ambientais para o Desenvolvimento de Produtos, com o objetivo principal de orientar, sobretudo as pequenas empresas, para que possam oferecer ao mercado produtos ambientalmente mais adequados, que mais se aproximem dos conceitos de autossustentabilidade e ecoeficiência, e, ao mesmo tempo, possuam maior valor agregado, favorecendo a conquista de um posicionamento mais competitivo pela pequena empresa.

Atualmente as indústrias de iluminação do Estado estão valorizando seu produto, não somente através do design, mas também inserindo em suas embalagens o selo de premiação do Prêmio Abilux Empresarial de Design, realizado em parceria com o Sebrae-SP. Também em parceria com essa associação, o Sebrae-SP apoia o Prêmio de Projetos de Iluminação, cujos designers, lighting designers e arquitetos que utilizaram mais de 80% de produtos nacionais em seus projetos de iluminação foram os premiados. Essa é uma das formas encontradas para apoiar o esforço da indústria na busca de uma mudança de patamar competitivo, por meio da utilização eficiente do design. Espera-se que esse exemplo tenha efeito multiplicador inspirando diversos outros setores e que contribua, portanto, para o seu sucesso.

Em parceria com o SENAI - Unidade Vestuário, foram realizadas as últimas 4 edições da Semana *Fashion Design*, evento que acontece no bairro do Bom Retiro, local de maior aglomeração das empresas têxteis da América Latina, onde durante 3 dias, cerca de 2.000 empresas vão em busca de tecnologia, inovação e design, através de desfiles, oficinas, *show-room* de fornecedores e outras oportunidades de informação e geração de negócios. Realizou-se também o Caderno de Tendências – Moda, Tecnologia e Design que foi uma experiência inovadora e de resultados surpreendentes, pois sua repercussão ultrapassou os limites da capital e invadiu o interior levando *know-how* e aplicação de conhecimentos adquiridos através de viagem e consultoria internacional, indo para as cidades de Cerquilho, Tietê, Americana, São José do Rio Preto e Novo Horizonte. Futuramente deverá também potencializar as exportações da empresas consorciadas do segmento de moda praia na Baixada Santista.

Nesse período foi realizado também um grande evento, intitulado Seminário Internacional de Design – Brasil, Design, Diversidade, Negócios – que durante 2 dias contou com a participação de 1.600 pessoas em auditório da cidade de São Paulo, acrescida por cerca de 3.000 participantes virtuais que, por meio de recursos de teleconferência, puderam acompanhar todo o evento junto às instalações de todas as unidades estaduais do Sebrae.

Esse evento contou com a presença de cinco palestrantes internacionais e 13 nacionais, todos especialistas em assuntos como: design e o fazer artesanal, novas estratégias, produtos globais e com a marca Brasil, criatividade e gestão em design nas pequenas empresas. Pode-se dizer que foi o maior evento de design do país, em público, recursos e conteúdo.

TODO ESSE PERCURSO TRILHADO, ACREDITA-SE QUE TENHA AJUDADO TAMBÉM NA TRAMITAÇÃO, NO CONGRESSO NACIONAL, DO PROJETO DE LEI QUE REGULAMENTARÁ A PROFISSÃO DE DESIGNER.

O fato é que nesses últimos cinco anos o Sebrae-SP investiu maciçamente na questão de infraestrutura, sensibilização, geração de conhecimento, aplicação de metodologias, eventos, palestras e fomento às ações básicas do design no estado. Nesses próximos anos o Sebrae-SP quer dar um novo passo: concretizar tudo aquilo que semeou, levando o design até o chão de fábrica, tornando perceptível sua aplicação no desenvolvimento dos produtos, na gestão e na geração de trabalho e renda das cidades, através de projetos setoriais ou regionais, onde o limite geográfico-territorial pode ser uma rua, um bairro ou mesmo um grupo de empresas de um mesmo setor.

Todo esse percurso trilhado, acredita-se que tenha ajudado também na tramitação, no Congresso Nacional, do projeto de lei que regulamentará a profissão de designer. Aliás, esforço muito antigo da categoria, já que a primeira escola de nível superior no país foi fundada em 1963 e hoje, os profissionais formados nessa área são do mais alto nível, contribuindo para elevar o país ao patamar de referência internacional em alguns setores, pela excelência do design de seus produtos industriais, visto as duas últimas edições do Prêmio *IF Design Award* em Hannover, considerado o Oscar no cenário internacional do design, com a premiação de 40 empresas brasileiras. Sem dúvida, um marco mundial.

NÃO HÁ COMO RETROCEDER, O DESIGN ESTÁ AÍ PARA VALORIZAR OS PRODUTOS DO PAÍS E O CENÁRIO NACIONAL, PRINCIPALMENTE ATRAVÉS DO INCREMENTO DAS EXPORTAÇÕES DE PRODUTOS INDUSTRIALIZADOS.

Para 2010 tenho certeza que atingiremos essa meta de conquistar e obter o apoio das comunidades empresarial, acadêmica e institucional, para que interajam mais no desenvolvimento do design voltado às pequenas empresas. Sensibilizados quanto à necessidade do design em sua linha de produção, os empresários buscam, incessantemente, fontes de obtenção desse conhecimento para levá-lo à sua empresa. O Sebrae-SP espera auxiliar no atendimento a essa demanda, participando ativamente dessa nova fase.

Não há como retroceder, o design está aí para valorizar os produtos do país e o cenário nacional, principalmente através do incremento das exportações de produtos industrializados. O ambiente é extremamente favorável e daqui a uma década as empresas estarão contratando designers, terão em seu *staff* profissionais treinados e formados em design, além de exportar conhecimento e tecnologia. O programa Via Design, no futuro, não terá mais objetivo de existir nos moldes atualmente propostos, devendo ser reformulado para atuar de uma forma inovadora de apoio à confecção de produtos com bom design. Este, aliás, é um mecanismo fundamental do processo de gestão de qualquer empreendimento, atividade, e também do design: a revisão periódica dos resultados alcançados e a correção de rotas diante de novos cenários, dentro do objetivo de melhoria contínua, associado a uma missão central. No nosso caso, o desenvolvimento e a competitividade da pequena e micro empresa, sempre.

Texto publicado originalmente no Infopaper, em julho de 2005.

**PAULO SERGIO
BRITO FRANZOSI**

Designer, formado em desenho industrial na UNISANTA/Santos, trabalhou no antigo Núcleo de Desenho Industrial da FIESP, foi professor da UNIP e sócio de um escritório de design gráfico. Elaborou o Programa de Design do SEBRAE-SP, alicerce para o Programa Via Design do Sistema SEBRAE. Organizou a publicação 99 Soluções Inovadoras e atualmente é gerente do Escritório Regional do Sebrae-SP na Baixada Santista.

Criatividade, competitividade e negócios

"Procuramos tratar sempre os alunos como profissionais de negócios, fornecendo subsídios técnicos e comerciais da equipe de negócios para que o projeto realmente tivesse resultados comerciais."

NOS PAÍSES JÁ DESENVOLVIDOS, A CRIATIVIDADE ESTÁ PRATICAMENTE LIGADA SOMENTE À ALTA PESQUISA, FORMANDO GERAÇÕES MUITO PRÓXIMAS DA ROBOTIZAÇÃO.

A criatividade pode ser estimulada e está vinculada ao cotidiano, podendo ser percebida de diversas maneiras: no sorriso e choro da criança, negociando suas necessidades, na adolescência negociando conquistas e dificuldades, nos afazeres domésticos sobrevivendo com orçamentos escassos, no profissional administrando gestão, e no limiar de nossas vidas, quando criamos soluções para uma boa velhice. A verdade é que estamos sempre criando soluções e as utilizando nas negociações durante a vida. Assim a atividade criativa é inerente ao ser humano e por meio dela acontece a negociação.

Ocorre que, ao padronizarmos o ensino, as atitudes, e avaliações, começamos a limitar o desenvolvimento dessa ferramenta que precisa ser sempre estimulada e lapidada; nos países já desenvolvidos, em que os padrões já estão estabelecidos, a criatividade está praticamente ligada somente à alta pesquisa, formando gerações muito próximas da robotização.

Por outro lado, em países com dificuldades econômicas observamos o crescimento da criatividade como ferramenta de sobrevivência. A necessidade estimula a procura de soluções, movimentando o nosso intelecto a sair da mesmice e da acomodação.

Neste mundo globalizado, países em desenvolvimento, como o nosso, precisam dessa ferramenta para se tornarem competitivos e para que isso aconteça é necessário:

→ Que nossos educadores criem novos métodos e currículos para um ensino voltado ao estímulo da criatividade não só na fase estudantil, mas também nos cursos posteriores, quer sejam de formação continuada, pós-graduações, mestrados ou doutorados.

→ Investimentos na área de pesquisa; não pesquisas utópicas simplesmente com finalidades de graduação, mas sim projetos objetivos voltados ao mercado de negócios. Já existem algumas experiências bem sucedidas como na Unicamp, mas ainda é muito pouco.

→ Levar esses centros de ensino ao empresário de porte médio e pequeno que representam quase 80% do potencial industrial brasileiro e que por dificuldades ou desconhecimento a eles não alcançam.

→ Fomentar concursos com premiações motivadoras para estimularem sempre essa criatividade, em todos os setores e em todos os níveis.

→ Intercâmbios internacionais para conhecimentos e atualizações constantes para ganharmos etapas de conhecimento já existentes.

NOSSO POVO É PRIVILEGIADO: SUA MISTURA DE RAÇAS FORMA UM POVO ALEGRE, PACÍFICO, MUSICAL E COM A CRIATIVIDADE À FLOR DA PELE.

Enfim, é necessário coragem para vincularmos a criatividade ao negócio gerador do lucro, pois é ele que propulsiona o desenvolvimento de um país. Lucro não é somente dinheiro, mas também medidas resultantes de soluções para o bem estar, qualidade de vida, melhorias ecológicas etc., que muitas das vezes nem envolvem dinheiro, mas aplicação de conhecimentos.

Não podemos esquecer que para inovarmos, teremos que ser criativos e somente nos resta essa ferramenta para enfrentarmos esse mundo globalizado. Nosso povo é privilegiado: sua mistura de raças forma um povo alegre, pacífico, musical e com a criatividade à flor da pele, terreno fértil para a implantação de novos projetos e a melhor prova disso são nossos sucessos internacionais nas áreas esportiva, musical, festas típicas (carnaval), culinária, bebidas (cachaça), tecnologia do álcool, biodiesel, moda, e o tão respeitado design brasileiro.

Esses exemplos, dentre outros, demonstram que o fato de vivermos num país considerado de terceiro mundo não significa que seu povo seja de terceiro nível, portanto saiamos da acomodação e vamos em frente!

Quando resolvemos testar a importância da criatividade nos negócios, principalmente do design, fomos procurar dentro das faculdades a criatividade ainda pura dos estudantes que aliada ao conhecimento técnico e experiência dos professores forneceriam uma boa mescla de resultados.

No primeiro concurso essa experiência gerou um belo resultado final, porém, tivemos um fraco desempenho comercial porque criamos um belo produto como uma obra de arte, mas não um produto vendável.

O que fizemos? Simplesmente, no concurso seguinte colocamos na equipe de jurados com 1/3 de artistas plásticos e designers, 1/3 de consumidores e 1/3 de compradores de nossos clientes com poder de decisão. Resultado, um produto com belo design, mas com um grande potencial de vendas, e foi isso que aconteceu. Durante a fase de desenvolvimento procuramos tratar sempre os alunos como profissionais de negócios, fornecendo subsídios técnicos de nossos técnicos e comerciais da equipe de negócios para que o projeto realmente tivesse resultados comerciais. A premiação também foi voltada em bolsa de estudos para que o estímulo fosse também financeiro. Quando juntamos a criatividade aos negócios, não temos o que errar.

Texto publicado originalmente no Infopaper, em 2007.

MANOEL CANOSA

Diretor titular da FIESP, diretor Decomtec/FIESP, membro do Conselho Superior do IFSP – Instituto Federal de Educação, Ciência e Tecnologia de São Paulo, membro do Conselho Consultivo do SENAISP DESIGN, presidente da ABVEP – Associação Brasileira de Vassouras, Escovas e Pincéis, Presidente do SIMVEP – Sindicato da Indústrias de Móveis de Junco e Vime, Vassouras Escovas e Pincéis.

Personalização, identidade e poder do consumidor

"Até Michel Foucault, no fim de sua vida, interrogava-se sobre a questão da preocupação consigo, porque é um efeito do fracasso das grandes ideologias. Quando não se acredita mais que se pode mudar o mundo com a revolução, então as questões da vida privada, da felicidade, mas também da identidade, da aparência tornam-se muito mais importantes."
Depoimento do filósofo Gilles Lipovetsky, em entrevista de 1998.

A fala de Lipovetsky é bastante apropriada quando queremos pensar o comportamento de nossa sociedade moderna em relação ao consumo. Jamais na história uma geração teve tanto poder de escolha como o consumidor de hoje. A começar pela informação. Se antigamente éramos condicionados a aprender por imposição, hoje o poder é nosso, em todas as esferas. Escolhemos o quê, quando e como aprender; a personalização chegou à esfera da informação através da internet e essa autoinformação tornou-se a grande autonomia do ser humano. Cada vez mais, o poder é do indivíduo. Toda comunicação passou a ser pessoal, digital e móvel, por você e para você, de qualquer lugar para qualquer lugar do planeta. Google, YouTube, iPod, Blog, Wi-Fi, celular, Bluetooth, Blackberry, VoIP. É você no poder 24 horas por dia.

O FIM DA CULTURA DO COMUM DEU INÍCIO À ERA DA PERSONALIZAÇÃO E O CONSUMO COMEÇOU A GANHAR NOVOS SIGNIFICADOS.

Chegamos a um mundo sem fronteiras ou restrições. A aldeia global remodelou pessoas, empresas, países. Pasteurizou culturas. Mais que isso, mexeu com a identidade das pessoas, tirando-lhes o chão e tornando-as seres sem lastro e quase sem passado, cidadãos do mundo que não pertencem a lugar nenhum. Chegamos a um momento em que as opções são tantas que o desejo do consumidor passou a ir muito além da simples posse de qualquer produto; ele já tem praticamente tudo, a maioria dos produtos são suficientemente bons e seu desejo alçou novas esferas. O fim da cultura do comum deu início à era da personalização e o consumo começou a ganhar novos significados.

Na era do poder do indivíduo busca-se o prazer e personaliza-se de tudo, desde o próprio corpo aos mais impensáveis objetos. A personalização atravessou a esfera do luxo, dos produtos sob medida e das edições especiais e alcançou o grande mercado através das novas tecnologias, que permitem segmentar e adaptar quaisquer produtos para as mais diferentes personalidades. A partir da tecnologia, praticamente tudo pode ser transformado de acordo com o momento e o desejo do protagonista. A tecnologia permite criar produtos que parecem ter sido feitos exclusivamente para cada um. O futuro do consumo, segundo os profetas do mercado e dos novos tempos, não é vender mais do mesmo, mas sim vender pequenas quantidades de uma diversidade de cada vez maior de produtos.

COMO NARCISOS, ACHAMOS FEIO O QUE NÃO É ESPELHO DE NOSSA PERSONALIDADE. AO MESMO TEMPO, COMO ZELIGS, ASSUMIMOS A PERSONALIDADE DO QUE NOS CERCA.

Isso acontece porque o consumidor de hoje passou a encarar o próprio consumo como um processo de personalização, como um instrumento de sua autonomia, de sua fantasia e de sua adaptação diária ao novo. Cada um pode imprimir, ou ter a sensação de que imprime a cada ação ou produto, sua própria personalidade e gosto. Esse fascínio é como um espelho. Ele se dá por objetos repletos de personalidade, que de algum modo sejam identificáveis com cada um de nós, com nossa maneira de ser e de levar a vida. Como Narcisos, achamos feio o que não é espelho de nossa personalidade. Ao mesmo tempo, como Zeligs, assumimos a personalidade do que nos cerca. E tudo aquilo que consumimos passa a marcar nossas diferenças em relação à multidão globalizada.

Isso tudo tem mudado a maneira como as empresas enxergam os negócios. Design e tecnologia caminham nessa direção já há algum tempo e a cada dia mais e mais, pois é a partir destas novas tecnologias que podem ser criados tais produtos carregados de signos de identidade e diferenciação que nos garantirão um novo senso de pertencimento. Produtos impregnados de emoção, mais próximos de nossas necessidades mais subjetivas, objetos mais humanos. Paradoxalmente humanizados pelo excesso de tecnologia destes novos tempos.

Texto Publicado originalmente na revista Kaza nº 50 / 2007 (edição de aniversário).

BABA VACARO

Formada em design de produto pela FAAP em 1986, Baba Vacaro mantém um escritório próprio em que faz projetos de produtos, presta consultorias e atua em gestão estratégica de design. Tem sido palestrante frequente em eventos e seminários ligados à cultura do design no mercado brasileiro, é articulista convidada de veículos especializados em design e decoração e também da rádio Eldorado, onde apresentou o boletim "Eldorado Design" em 2010-2011. Desde 2009 atua como roteirista da série de TV (GNT) Casa Brasileira, dirigida por Alberto Renault. Recentemente foi curadora de produtos da Avanti (tapetes) e da St.James, metalúrgica do segmento de mesa e presentes. Há mais de dez anos responde pela direção de arte da marca Dominici, atuando no desenvolvimento de produtos nacionais e na seleção de produtos internacionais de iluminação. Desde 2004 é diretora de criação da Dpot, empresa pioneira no investimento em design brasileiro de mobiliário.

O ensino do design no Brasil

Educar, em qualquer área do conhecimento, é um desafio para todas as instituições educacionais, sejam elas estatais ou particulares, assim como para os órgãos governamentais que administram esse segmento, seja nos países europeus, americanos e asiáticos.

NO ÂMBITO DO DESIGN, O BRASIL HOJE CONTABILIZA APROXIMADAMENTE 95 CURSOS DE BACHARELADO EM DESIGN DE PRODUTO.

Como podemos observar, existem países lastreados em seu passado pela pesquisa e alicerçados em uma estrutura educacional estabelecida por diretrizes sólidas e objetivas, o que, em nosso caso, não é a regra, e sim a exceção, em decorrência de fatores históricos e culturais, que hoje constatamos claramente, pois, somado aos erros do passado, ainda convivemos em mundo em constante mutação.

No âmbito do design, o Brasil hoje contabiliza aproximadamente 95 cursos de bacharelado em design de produto. Quando incluem os cursos de bacharelados (design), tecnológicos, sequenciais envolvendo o design gráfico, produto, digital, moda, interiores, games entre outros, pós-graduações lato e strictu sensu (mestrado e doutorado), especializações, extensões totalizamos 740 em todo território nacional.

SEMPRE QUE CONSULTADOS, OS DEPARTAMENTOS, ESTÚDIOS, ASSOCIAÇÕES DE CLASSE E ÓRGÃO DE FOMENTO, O QUESTIONAMENTO SOBRE O BAIXO NÍVEL DOS RECÉM-FORMADOS É GERAL.

Além desses dados estatísticos, que assumiu tais proporções nos últimos 10 anos, verificamos nas avaliações oficiais, ENADE, por exemplo, um contexto ainda tímido e melancólico. Fica evidente que falta uma identidade e uma contribuição exclusiva do design. Geralmente os cursos dessa área estão inseridos nos departamentos das artes plásticas, das engenharias e em outras áreas do conhecimento. Não devemos, no entanto, deixar de levar em conta o crescimento e a existência de instituições de excelência e de professores de alto nível de formação atuantes tanto no âmbito acadêmico como profissional. Vivemos um novo tempo, deixando, assim, os heróicos e históricos anos 60/70 da etapa pioneira. No entanto, fora essas ilhas de qualidade, a grande maioria apresenta infraestrutura defasada, corpo docente e propostas curriculares que não atendem às atuais exigências do mercado e da indústria.

Sempre que consultados, os departamentos, estúdios, associações de classe e órgão de fomento, o questionamento sobre o baixo nível dos recém-formados é geral. Cumpre aqui ressaltar uma reflexão de Rafael Cardoso em seu livro *Design para um mundo complexo*, na página 232: *"A verdade é que ninguém se* torna um profissional de qualquer área apenas por ter cursado a faculdade. O sistema universitário brasileiro reconhece isso ao exigir que o aluno faça um estágio profissionalizante, ou algo que o equivalha. Mesmo assim, vigora uma tendência nefasta em muitas áreas — dentre as quais o design — de considerar que o aluno ao terminar a faculdade já é um "profissional formado". Trata-se de uma distorção, responsável por gerar muita ansiedade e frustração desnecessárias".

Infelizmente, em razão da falta de uma avaliação dos órgãos governamentais, da escassez de profissionais especializados no setor para compor as Comissões Técnicas do Ministério da Educação, da complexa estrutura burocrática que caracterizam os órgãos públicos, com a sobrecarga exigida pelas instituições junto aos seus coordenadores e diretores, somado aos apelos corporativistas tanto da classe docente como de diversos sindicatos patronais, o processo é longo e moroso.

ACREDITAMOS QUE SERIA URGENTE A FORMAÇÃO DO CONCEITO DE DESIGN JÁ NO ENSINO MÉDIO (O QUE JÁ OCORRE EM PAÍSES EUROPEUS).

Diante desse quadro, precisamos refletir e estabelecer novos parâmetros na elaboração de estratégias e, como designers, definir uma metodologia de trabalho, tendo em vista a exigência de pré-requisitos dos mais diversos campos do conhecimento, para implantar uma sistemática que atenda às necessidades do mercado, somado à autonomia de pesquisa das universidades.

De maneira ambiciosa, acreditamos que seria urgente a formação do conceito de design já no ensino médio (o que já ocorre em países europeus) a fim de tornar o futuro cidadão no âmbito da percepção visual, na sua educação como futuro consumidor e na relação ao meio ambiente, mais consciente e reflexivo, frente aos desafios do mundo contemporâneo e sua armadilhas.

Essa formação de caráter crítico poderia fornecer excelentes subsídios para os futuros vestibulandos da área do design.

Para estabelecer os parâmetros de um curso superior, consideramos que o candidato à área de design deveria desenvolver durante toda a sua permanência acadêmica (3, 4 ou 5 anos) um vasto repertório no âmbito da representação gráfica bi e tridimensional, tanto manual como digital, pois são essas serão suas ferramentas que vão expressar seus conceitos e suas propostas.

A REPRESENTAÇÃO É A FERRAMENTA QUE TRADUZ COM CLAREZA SUAS IDEIAS E SEUS CONCEITOS, DE OUTRO, NÃO PODEMOS NEGLIGENCIAR QUE O FATOR HUMANO É O CENTRO DE ATENÇÃO DO PROFISSIONAL DE DESIGN

Se, de uma lado, a representação é a ferramenta que traduz com clareza suas ideias e seus conceitos, de outro, não podemos negligenciar que o Fator Humano é o centro de atenção do profissional de design, daí a necessidade da sua formação abrangente, envolvendo assim as áreas de antropologia, história, sociologia, matemática, semiótica, ergonomia entre outras.

No entanto, sua formação não se encerra por aqui, pois, diante do avanço das conquistas da ciência, das novas tecnologias, dos processos de produção e dos sistemas digitais, dos novos materiais e dos limites hoje impostos pela sustentabilidade, esse profissional precisa administrar todos esses fatores através de uma gestão de design em consonância sinérgica com as demais áreas da gestão empresarial.

É PRECISO DESENVOLVER PARCERIAS EMPRESARIAIS E ENTRE INSTITUIÇÕES NACIONAIS E INTERNACIONAIS ENRIQUECENDO, ASSIM, OS CURSOS DE DESIGN.

Perante todos esses desafios, acreditamos que cabe uma ação conjunta entre empresas, instituições de fomento, órgãos estatais, de pesquisa no sentido de incentivar e promover seminários, estágios, concursos e treinamentos intensivos junto aos jovens acadêmicos, aos recém-formados e aos profissionais atuantes, para fomentar a inovação e o empreendedorismo no setor.

É preciso desenvolver parcerias empresariais e entre instituições nacionais e internacionais enriquecendo, assim, os cursos de design, incentivando a iniciação à pesquisa pura e a pesquisa aplicada, assim como implantar cursos de pós-graduação voltados às necessidades reais do país.

Somado a essas recomendações, precisamos entender que assim como todas as demais áreas o design, exige paixão, emoção, criatividade e estar sempre atento as diretrizes políticas governamentais e das empresas, aos avanços da ciência e a nossa capacidade de inovar.

Texto publicado originalmente no Infopaper, em 2007.

AURESNEDE PIRES STEPHAN (PROF. EDDY)

Bacharel em Design pela FAAP (1970). Mestre em Educação, Arte e Cultura pela Universidade Presbiteriana Mackenzie (2007). Professor de Design da FAAP, FASM, ESPM e IED. Consultor na área de design. Coordenador e membro de vários júris de concursos. Coordenador da Coletânea 10 cases do Design Brasileiro da Editora Blucher. Membro do Conselho do Museu da Casa Brasileira.

Archdesign

Arquitetura e design resultam, independentemente de qualquer análise etimológica mais acurada, da capacidade humana de racionalizar ideias e transformá-las em processos, produtos e conceitos inovadores aplicáveis à superação de desafios.

Nesse contexto, antever e projetar são tarefas de todos aqueles profissionais que se enquadram nos pressupostos acima, entre eles, obviamente, o arquiteto e o designer. Sua atuação compreende agregar uma vasta gama de conhecimentos científicos e tecnológicos e sintetizá-los em forma de produtos, seja um edifício ou um saca-rolha, antevendo soluções para um problema ou uma demanda específica.

ARQUITETURA E DESIGN POSSUEM TAREFAS QUE SE COMPLEMENTAM, EMBORA A FRONTEIRA ENTRE ESSAS ATIVIDADES VENHA SE TORNANDO CADA VEZ MAIS DIFUSA.

Costuma-se interpretar a presença do design como "recheio" ou complemento da obra arquitetônica, qual seja: uma vez a cidade, o edifício ou o simples abrigo doméstico construído, o espaço será então "equipado" para atender às funções para as quais foi concebido.

Arquitetura e design possuem tarefas que se complementam, embora a fronteira entre essas atividades venha se tornando cada vez mais difusa, ora pela apropriação que a arquitetura promove em relação ao design, ora o inverso.

Considerando essa permeabilidade, constata-se uma forte tendência de expansão da atividade do designer no âmbito da arquitetura e, mais especificamente, da construção civil.

Diversos fatores, tais como inovação tecnológica, legislação ambiental, custos, entre outros, determinam mudanças significativas, senão radicais, nos processos construtivos. Novos materiais disponíveis, desde a estrutura até ao mais simples revestimento, equipamentos sofisticados que permitem otimizar os processos construtivos, soluções ambientais corretas, são marcas evidentes dessa revolução.

Também é evidente a expressiva migração dos processos construtivos tradicionais, desenvolvidos no próprio "canteiro de obras" para processos construtivos racionalizados, modulares, pré-concebidos e produzidos ainda no ambiente industrial, transportados e apenas "montados" no local da futura edificação.

AMPLIA-SE A POSSIBILIDADE DE ATUAÇÃO DE PROFISSIONAIS DO DESIGN, FORTEMENTE CAPACITADOS PARA O DESENVOLVIMENTO DE PRODUTOS.

Se os processos construtivos vêm incorporando rapidamente novos conceitos tecnológicos baseados na produção industrial de componentes, amplia-se a possibilidade de atuação de profissionais do design, fortemente capacitados para o desenvolvimento de produtos.

Nos aspectos relacionados à conformidade ambiental, o mercado de trabalho para o designer também se potencializa. Afinal, para se cumprir os pré-requisitos de caráter ambiental, são exigidas certificações de cada produto, considerando-se sua performance ambiental, produção, aplicação/instalação, uso e pós-uso (descarte, reutilização ou reciclabilidade). Assim sendo, a maioria dos atuais produtos necessitam revisão total ou parcial de seus projetos, matérias-primas e processos de fabricação para se adequar a um *ciclo de vida* compatível com padrões racionais de sustentabilidade.

Existe uma percepção clara do papel do designer no desenvolvimento de produtos destinados à arquitetura e à construção civil, particularmente quando se trata de componentes hidráulicos (tubos, conexões, registros, torneiras, válvulas), elétricos (espelhos, caixas de embutir, interruptores, tomadas, disjuntores, lustres e luminárias), revestimentos (ladrilhos, lajotas, azulejos, pisos), além de caixilhos, portas, janelas, maçanetas, rodapés, revestimentos térmicos e acústicos; comunicação visual (sinalização de trânsito, orientação e informações), entre inúmeros outros.

NOS PAÍSES MAIS AVANÇADOS, A QUASE TOTALIDADE DOS ELEMENTOS CONSTRUTIVOS CHEGAM ACABADOS OU SEMI-ACABADOS AO LOCAL DA OBRA.

O DESIGNER CERTAMENTE POSSUI UMA ATUAÇÃO CADA VEZ MAIS SIGNIFICATIVA NO DESENVOLVIMENTO DE PRODUTOS E COMPONENTES QUE INCORPOREM METODOLOGIAS RACIONAIS E CONCEITOS TECNOLÓGICOS MAIS ADEQUADOS

Porém, nos tradicionais canteiros de obras, onde a execução de moldes, ferragens, vigas, colunas, fechamentos, andaimes ou madeiramento de coberturas é manual, ineficiente, ineficaz e inadequada, o designer certamente possui uma atuação cada vez mais significativa no desenvolvimento de produtos e componentes que incorporem metodologias racionais e conceitos tecnológicos mais adequados, transformando o antigo e caótico canteiro numa verdadeira praça de montagem.

Nos países mais avançados, a quase totalidade dos elementos construtivos chegam acabados ou semiacabados ao local da obra, fornecidos por indústrias extremamente limpas e eficientes, em que o conceito de desenvolvimento está baseado na atividade de design: pesquisa de materiais; desenvolvimento de protótipos; maneabilidade, aplicando-se conceitos ergonômicos e de logística para, inclusive, facilidade, praticidade e segurança durante o transporte, transbordo, estocagem e instalação.

ESSE MESMO CONCEITO DEVERIA, IGUALMENTE, SER APLICADO PARA ENFRENTARMOS NOSSO VERGONHOSO DÉFICIT DE MORADIAS, DA ORDEM DE CINCO E MEIO MILHÕES DE HABITAÇÕES.

No Brasil, é sensível o avanço dessas novas metodologias construtivas, especialmente no setor da construção civil ligado às obras de maior porte, em que a otimização no uso dos recursos pode garantir diferencial comparativo e vantagem competitiva.

Esse mesmo conceito deveria, igualmente, ser aplicado para enfrentarmos nosso vergonhoso déficit de moradias, da ordem de cinco e meio milhões de habitações, sabendo-se que os dados oficiais desconsideram as moradias em condições totalmente inadequadas que, se levadas em conta, certamente elevaria expressivamente esse número.

Os processos construtivos tradicionais, os ultrapassados modelos de conjuntos habitacionais vigentes e o caótico labirinto burocrático das aprovações legais e de financiamento, mesmo com esforço mais sério e consequente, dificilmente poderão apresentar soluções eficientes e eficazes que resultem na superação desse déficit. Somente processos produtivos industriais racionalizados poderiam garantir a produção, distribuição e montagem seriada na quantidade e qualidade desejada de unidades habitacionais.

Além de gerar empregos na indústria, mais dignos, duradouros e vantajosos do que as atuais ocupações pouco atraentes da construção civil tradicional; também contribuiria para aquecer a economia, aumentando a arrecadação; e melhorar a qualidade de vida de nossas cidades.

O papel de criar e desenvolver esse verdadeiro produto é matéria do profissional do design. Se já temos institucionalizada a nomenclatura das áreas de design de produtos, design gráfico, web-design, interior design, entre tantas outras, talvez a denominação adequada para esse novo "filão" profissional no qual arquiteto e designer teriam atuação harmônica seja **archdesign**.

Texto extraído do livro: *Um olhar sobre o design brasileiro*, 1ª Edição, 2002.

> **FAUSTO GUILHERME LONGO**

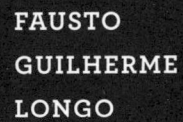

Mestre em Tecnologia, Planejamento e Gestão de Projetos pelo IPT - Instituto de Pesquisas Tecnológicas do Estado de São Paulo -, Arquiteto e Urbanista, pela Pontifícia Universidade Católica de Campinas e Faculdade de Belas Artes de São Paulo, Gerente de Ação Regional da FIESP - Federação das Indústrias do Estado de São Paulo. Foi Pesquisador e Coordenador de Comunicação Social e Marketing do IPT, Chefe da Assessoria de Comunicação Social da Secretaria da Ciência e Tecnologia do Estado de São Paulo, Coordenador de Comunicação Social do Ministério da Ciência e Tecnologia, Coordenador de Comunicação Social da Secretaria Especial de Ciência e Tecnologia da Presidência da República, Coordenador do Programa São Paulo Design. Na FIESP/CIESP, Chefe do Departamento de Meio Ambiente e Desenvolvimento Sustentável, Gerente de Infra-estrutura, Meio Ambiente e Design, Gerente de Projetos Especiais, Secretário Executivo dos Conselhos Temáticos e Comitês de Cadeias Produtivas da FIESP/CIESP.

O que desenha um designer?

Nós não vemos as coisas como elas são.
Nós vemos as coisas como nós somos.

Anaïs Nin

Durante toda minha vida profissional, essa pergunta sempre se recoloca como uma forma de dúvida primordial, movida pela busca de sentido que norteia minha formação e aperfeiçoamento, e interrompe algumas noites de sono com novas *descobertas*.

O que desenha um designer? Em que momento começa um desenho? Por que toda obra do homem tem um determinado desenho, escolhido por ele? Temos fome de desenho? Onde fica esse estômago que se alimenta do belo?

CADA VEZ QUE UM CLIENTE PROCURA UM DESIGNER PARECE TER EM MENTE UMA IDEIA DE DESIGN ESPECÍFICA, RELACIONADA À QUALIFICAÇÃO ESTÉTICA DA FORMA.

Algumas das respostas, curiosamente, também vão se desenhando e redesenhando ao longo dos anos, na medida dos encontros com o mundo, como uma forma de modelar, que acontece no tempo e na observação curiosa. E o que tenho visto, do alto de meus 1,92m e 27 anos de profissão?

Cada vez que um cliente procura um designer parece ter em mente uma ideia de design específica, relacionada à qualificação estética da forma. Muitos de nós somos procurados por quem busca uma bela marca, um folder *bonito*, uma embalagem *atraente*, um website *impactante*. A imagem que se tem do fazer do designer está, parece, relacionada num primeiro momento à competência para produzir o belo.

Olhando mais atentamente para essa dinâmica, percebo que a estética é uma espécie de *sintoma*, provocado por um *desequilíbrio*, que não é racional mas sim sensorial, e que acontece no território da identidade. Poderíamos dizer que uma disfunção de identidade provoca uma dor estética. A estética é a face visível do espírito.

E ENTÃO, ONDE COMEÇA UM DESENHO? ME PARECE, HOJE, QUE O *DESENHO COMEÇA NO SUJEITO*.

Quando uma empresa decide, por exemplo, mudar sua marca, algo já mudou antes, algo que provocou uma defasagem de identidade entre c*omo a empresa se vê e como ela se expressa*, através de sua marca. Lembro aqui de uma passagem curiosa, quando me foi perguntado em uma entrevista para uma revista especializada, *o que era uma marca perfeita*. Pensei, pensei e percebi que toda marca é perfeita enquanto estiver sendo usada como a expressão de um sujeito, pois é esta sua razão de ser. Percebi também que sempre tendemos a adjetivar os objetos, chamando uma marca ou um vaso de belo, e nos esquecendo de que, já sabiam os gregos, um objeto belo é a expressão de um sujeito belo, flagrado como tal através de sua obra, de sua expressão através do objeto, este porta-voz da alma. Assim sendo, a marca perfeita é a que está em uso, e ela passará a ser questionada como "antiga, feia, envelhecida, etc" quando o sujeito – cliente, empresa, serviço ou produto – tiver mudado. E se você acha ela "feia", tente olhar para o contexto...

E então, onde começa um desenho? Me parece, hoje, que o *desenho começa no sujeito*. Um sujeito em permanente mutação que busca, ao longo de sua trajetória de encontros, uma forma de falar de si, de compartilhar sua visão de mundo com seu semelhante, para que assim ele próprio, no encontro com o outro, com o diferente, possa aperfeiçoar o desenho de seu eu.

Trazendo essa reflexão para a prática profissional, percebo que um bom designer, hoje, deve aprender a integrar a estética – seu instrumento – com a ética, o conjunto de valores que dá sentido e identidade a toda obra do homem – sua música. Antes de desenhar a forma, através do design-resposta, me parece cada vez mais relevante podermos ajudar a (re)desenhar o conteúdo, interagindo na (re)construção da pergunta. Começar, portanto, desenhando *o que dizer*, para só então e de forma mais precisa, buscar a forma bela, o *como dizer*, que integre razão e emoção, eficiência e sensibilidade, engenho e poesia, identidade e verdade, ética e estética.

Numa sociedade orientada para o mercado e o consumo, e regida pela lógica utilitarista, onde o valor está associado ao *para que serve*, um valor limitador de todo o universo sensível e sutil, entender a responsabilidade de quem desenha, em profundidade, me parece ser entender o papel que a visão crítica dessa dinâmica tem como geradora de um novo desenho de homem. Um homem que hoje se vê em crise de identidade, conectado *on-line* com seu semelhante ao mesmo tempo em que se afasta dele e dos valores humanos, encantado com sua competência para produzir máquinas, onde não sabe muito bem o que escrever.

QUE O NOVO POSSA VIR NA FORMA DE UMA *DESACELERAÇÃO REFLEXIVA*, NA DIREÇÃO DE UMA ERA *NEO-HUMANISTA*.

Que o novo, que hoje se busca de forma frenética e muitas vezes cega, possa vir, depois da era moderna e da era pós-moderna, na forma de uma *desaceleração reflexiva*, na direção de uma era *neo-humanista*. Temos que redesenhar o homem, mais uma vez e sempre, olhando para ele e para seus sonhos, seus medos e seus desejos, com atenção, com carinho, com cuidado. Que venha a era da delicadeza!

© Ronald Kapaz, 2007

Texto escrito para prólogo do livro *Diseño Latino América* – Santiago, Chile.

" RONALD KAPAZ

Graduou-se em arquitetura pela Universidade de São Paulo em 1979, quando fundou, com dois colegas, a Oz Design, que tem hoje 32 anos de mercado, 42 profissionais de diversas disciplinas ligadas ao design, onde segue praticando a sua real vocação de Designer Gráfico. Foi responsável, junto com outros colegas de profissão, pela criação da ADG - Associação dos Designers Gráficos.

Gestão institucional do design

Inicialmente, gostaríamos de relacionar, sem qualquer pretensão ou formalidade acadêmica, uma série de percepções da realidade que enfrentamos. São palavras que rotineiramente rondam a mídia, ajudam a compor o cenário em que atuamos e estimulam as mais diversas reflexões. Nossa expectativa: gerar maior intercâmbio de experiências que nos permita avançar no processo de aperfeiçoamento dos modelos de gestão institucional do design.

Nesse contexto, Globalização, Alca, Mercosul, União Europeia, Tigres Asiáticos, desemprego, escassez de recursos, insegurança, ausência de perspectivas, confusão política, carga tributária insuportável, baixo nível de capacitação em gestão empresarial, falta de visão empresarial estratégica, inexistência de linhas de financiamento e de políticas públicas claras voltadas à produção, necessidade imediata de inserção competitiva no mercado internacional, necessidade de ampliar a gama de produtos brasileiros com valor agregado, etc.

DIANTE DE TANTOS OBSTÁCULOS FICA, NUM PRIMEIRO MOMENTO, UMA IMPRESSÃO EXTREMAMENTE NEGATIVA QUANTO AO FUTURO DA PRESENÇA DO BRASIL NO MERCADO INTERNACIONAL.

Continuando, agora particularmente em relação ao design: baixo nível de conhecimento das ferramentas de gestão voltadas ao desenvolvimento de produto; desarticulação dos agentes que atuam em desenho industrial; ensino acadêmico dissociado da realidade de mercado e do "chão de fábrica"; ausência de programas de atualização, capacitação e aperfeiçoamento de professores; poucas iniciativas e percepção quanto à necessidade de adoção de políticas públicas efetivas voltadas a facilitar o acesso de micro-pequenas e médias empresas às ferramentas de gestão de design; baixo nível de percepção dos empresários industriais em relação à necessidade de produtos diferenciados, competitivos e segmentados, etc.

Diante de tantos obstáculos fica, num primeiro momento, uma impressão extremamente negativa quanto ao futuro da presença do Brasil no mercado internacional com produtos de excelência, exatamente o inverso disso é como pensamos, cada um dos problemas apontados caracteriza-se, ao nosso ver, como uma oportunidade. A busca por soluções é que justifica a necessidade e a existência, cada vez mais acentuada, de instituições cuja natureza é a gestão do design em seus aspectos institucionais.

Ao nos propormos, porém, à tarefa de constituir e operar entidades voltadas à organização e implementação de programas estratégicos focados na superação de "gargalos", sejam eles de qualquer natureza, nos deparamos com consideráveis barreiras e condicionantes, tais como: modelo institucional, mantenedores, quadro técnico, infraestrutura, escassez de recursos financeiros, falta de agilidade no fechamento de contratos, dificuldade de acesso ao cliente, resposta lenta das entidades representativas setoriais, corporativismo e interesses isolados que impedem a racionalização e otimização dos agentes do design, tais como diversas entidades ou autônomos atuando de forma desarticulada, entre outros tantos entraves.

Garantir uma gestão adequada diante de tantas dificuldades pressupõe fixar, com clareza, o campo de atuação e a missão da entidade que se encontra sob nossa responsabilidade, qualquer que seja sua essência.

Em relação ao Centro São Paulo Design. Buscou-se, desde sua primeira concepção, definir-se de maneira ampla, mas com clareza, os termos que pudessem estabelecer o conceito de sua missão principal. Assim, foram destacadas as palavras de comando que norteiam suas ações: identificar, localizar, sensibilizar, mobilizar, articular e disponibilizar competências que possam contribuir para ampliar as possibilidades de desenvolvimento de produtos brasileiros de qualidade.

PERCEBEU-SE A IMPORTÂNCIA DE SE IMPLEMENTAR MECANISMOS PARA CAPACITAR, ARTICULAR, AMPLIAR E FORTALECER A REDE DE AGENTES.

Uma preocupação constante foi deixar cristalina sua vocação para a prestação de serviços supletivos, notadamente aqueles inexistentes no mercado ou que possam representar custos inacessíveis para os micros, pequenos e médios empresários e aos profissionais do desenho industrial.

Para tanto, percebeu-se a importância de se implementar mecanismos para capacitar, articular, ampliar e fortalecer a rede de agentes, tais como empresas e escritórios de design, profissionais autônomos, instituições de ensino, entidades representativas, instituições de pesquisas, fornecedores de infraestrutura operacional, equipamentos, tecnologia, *software*, materiais, entre outros, bem como os prestadores de serviços em pesquisas, marketing, testes e ensaios, prototipagem, moldes, sensibilizando outras áreas do conhecimento e de mercado correlatas e complementares às atividades relativas ao design, tais como: Engenharia de Produção, Administração de Empresas, Arquitetura, etc.

Esse conjunto de inúmeras condicionantes e oportunidades determinaram a formulação dos caminhos que a entidade precisaria trilhar para atingir seus objetivos. Também nesse sentido, evidenciaram-se algumas premissas e alternativas que poderiam compor uma estratégia operacional e de gestão.

POUCO OU NADA PODERÃO SIGNIFICAR AS FERRAMENTAS DE PROPAGANDA E MARKETING SE O DESIGN NÃO CORRESPONDER ÀS NECESSIDADES DO MERCADO.

É evidente que a função primordial do CSPD reside na efetiva contribuição que o mesmo possa dar ao setor produtivo industrial, particularmente às micros, pequenas e médias empresas, na construção de condições mais adequadas para seus produtos e, consequentemente, melhor inserção e posicionamento em seus mercados tradicionais ou prospectivos.

Afinal, pouco ou nada poderão significar as ferramentas de propaganda e marketing ou estímulo exportador, se, por falta de um bom projeto, design portanto, um determinado produto não corresponder às necessidades e anseios do próprio mercado ou deixe de incorporar pré-requisitos essenciais à sua aceitação, tais como inovação tecnológica, forma e função, eficiência ecológica (baixo impacto ambiental em todo seu ciclo de vida) e econômica (custo, preço final, logística, transporte, armazenamento, distribuição e exposição no varejo, etc.).

Evidentes o viés institucional e também o caráter supletivo do CSPD, resultado da precária ou quase inexistente prática no desenvolvimento de projetos de produtos em nosso meio empresarial industrial, que, somente após a mal planejada e indiscriminada abertura do mercado brasileiro, começa incorporar definitivamente como necessidade operacional essa questão.

É um mercado nascente e sua estruturação exige tempo, esforço e investimentos. Nesse contexto o CSPD tem tido um papel extremamente significativo, embora limitado, pois está condicionado a recursos bastante escassos. Ainda assim, os resultados alcançados prenunciam um forte crescimento de seu papel e, também, de todos os setores envolvidos nessa atividade, quais sejam, profissionais designers, fornecedores de equipamentos e *softwares*, cursos, testes e ensaios, certificadores, pesquisadores, entre inúmeros outros, enfim, é um segmento em franco processo de evolução e crescimento.

Nossa rede de usuários, fornecedores, parceiros institucionais, escritórios de design, profissionais autônomos, associações representativas, fornecedores, prestadores de serviços e "clientes", vem crescendo, integrando-se e qualificando-se cada vez mais. Constatação que sugere um rápido amadurecimento desse mercado, que poderá resultar numa nova dinâmica na presença de produtos brasileiros de boa qualidade e alto valor agregado nas "gôndolas" internacionais.

O ACESSO A TECNOLOGIAS QUE PODERIAM PERMITIR RACIONALIZAR, OTIMIZAR E REVOLUCIONAR SUAS EMPRESAS É TÃO DIFÍCIL QUE, EM SUA MAIORIA, NEM HÁ TENTATIVA NESSE SENTIDO.

Embora a consciência desse aquecimento seja estimulante, não podemos ignorar toda a gama de dificuldades que se enfrenta para se viabilizar qualquer empreendimento produtivo industrial. Também é notável o perfil da maioria de nossos pequenos e médios empreendedores, que "tocam" seus negócios com pouquíssimos recursos de gestão empresarial. O acesso a tecnologias que poderiam permitir racionalizar, otimizar e revolucionar suas empresas é tão difícil que, em sua maioria, nem há tentativa nesse sentido.

Por outro lado cada vez mais os setores e segmentos industriais mais organizados e estruturados percebem a importância da evolução tecnológica e empresarial de toda a cadeia que sustenta seu mercado, desde o mais tosco processo de extração de matérias-primas básicas até os produtores de embalagens sofisticadas, passando por ferramentas, máquinas e equipamentos, indispensáveis ao processo de transformação industrial.

É grande, hoje em dia, o número de associações e sindicatos patronais que atuam de forma pró-ativa para estimular o crescimento de seu setor e de seus associados, articulando-se em redes, não somente para garantir sua sobrevivência reagindo à leis e políticas inadequadas, tributárias ou não, mas, principalmente, para garantir meios de avançar de forma planejada, com um mínimo de previsibilidade otimista.

RECURSOS FINANCEIROS NÃO "BROTAM COMO ÁGUA". TEMOS QUE PROSPECTAR OS MEIOS PARA GARANTIR RECURSOS QUE PERMITAM O DESENVOLVIMENTO DE PROJETOS SÉRIOS, EFICIENTES E EFICAZES.

Nesse contexto é que vislumbramos um "mercado potencial" para orientar um "plano de negócios" para o CSPD. Ressaltando-se que é muito difícil tratar como "negócio" essa atividade, cuja essência tem se revelado muito mais de caráter estratégico, público e supletivo e voltado a intensificar a competitividade de nossa indústria.

Enfim, recursos financeiros não "brotam como água". Temos que prospectar os meios para garantir recursos que permitam o desenvolvimento de projetos sérios, eficientes e eficazes e que possam contribuir para superarmos os obstáculos, no âmbito da gestão institucional do design, que nos impedem de atingir um patamar de igualdade no mercado global.

Assim sendo, identificamos quatro linhas de ação, as quais deixamos como sugestão para programas e instituições similares ao CSPD, as quais descrevemos resumidamente a seguir.

INSTITUCIONAL-PROFISSIONAL – Articular as entidades de ensino, os escritórios de design, as empresas fornecedoras de insumos e prestadoras de serviços em design, as entidades de ensino, as entidades representativas profissionais, para o estabelecimento de um esforço conjunto centrado no aperfeiçoamento dos meios de capacitação e exercício profissionais, estabelecendo critérios que permitam o amadurecimento e a consolidação dessa atividade.

SETORIAL – Consubstanciando-se em diagnósticos setoriais, mobilizar associações representativas e sindicatos patronais para se estabelecer programas consequentes de promoção contínua para patamares mais competitivos. Somente a efetiva compreensão do setor em todos os seus amplos aspectos sejam técnicos, tecnológicos, operacionais ou institucionais permitem identificar e intervir positivamente na desobstrução de seus obstáculos. Promover seminários para cada um desses setores, apresentar e discutir cada diagnóstico e propor o estabelecimento de grupos de trabalhos temáticos, focados na melhoria contínua dos produtos do setor, provocar um "esforço concentrado" mobilizando toda ordem de recursos institucionais possíveis: escolas de design, institutos de pesquisas, escritórios profissionais, entre outros, articulados e motivados para a afirmação do conceito qualidade.

EMPRESARIAL – Identificar empresas líderes de uma cadeia produtiva específica, analisar empresas, processos e produtos de seus fornecedores, identificar e apontar deficiências, no contexto do design, que possam interferir na qualidade de seus produtos e/ou componentes, a partir daí, desenvolver ações que visem promover, cada uma dessas empresas, a patamares melhores e que possam contribuir para o re-posicionamento mercadológico dos produtos da empresa líder.

REGIONAL – Os municípios ou regiões buscam atrair indústrias para gerar maior arrecadação e oferta de postos de trabalho. Uma alternativa seria articular parcerias para intensificar o papel indutor do crescimento econômico através do adensamento da cadeia produtiva local, bem como estimular a agregação de valor. A proposta é identificar localidades que já possuem uma determinada vocação, analisar seus produtos e, no contexto de design, melhorá-los, qualificando profissionais e empreendedores, numa ação conjunta com os agentes locais (Prefeitura, Associação Comercial, entre outros), estabelecendo programas sinérgicos e articulados de desenvolvimento de um conceito de qualidade e marca para os produtos daquela região.

Essas propostas ainda carecem de desenvolvimento, posto que se revestem de caráter apenas propositivo e como contribuição, como afirmamos anteriormente, para a formulação de estratégias de gestão institucional do design.

É IMPORTANTE RESSALTAR QUE ESTE CONJUNTO DE AÇÕES DEVE TER COMO OBJETIVO AMPLIAR A EXCELÊNCIA DOS PRODUTOS BRASILEIROS.

É importante ressaltar que este conjunto de ações deve ter como objetivo ampliar a excelência dos produtos brasileiros e amplificar o conceito de qualidade, tecnologia e inovação, a eles inerentes. Especificamente em relação à gestão institucional do design cabe evidenciar o papel de promover a evolução da capacidade de desenvolvimento de produtos da indústria nacional que possam ser reconhecidos por sua categoria classe mundial. Não basta que existam sucessos isolados de designers ou produtos específicos; o importante é que a associação da competência produtiva de um país com excelência seja uma constante. Nesse contexto, se evidencia a necessidade da gestão institucional do design.

Este artigo foi publicado originalmente na revista:
T&C Amazônia
Edição 07 / ano 3 - 2005
Manaus - Brasil

"

SHEILA CRISTIANE PENITENTE GONÇALEZ BRABO

Professora, artista plástica, designer. Especializada em gestão de design. Responde, atualmente, pela gerência do SENAI São Paulo Design - Diretoria Técnica do SENAI-SP. Foi gerente do Centro São Paulo Design – CSPD, Coordenadora Executiva Programa São Paulo Design, da Secretaria da Ciência, Tecnologia e Desenvolvimento Econômico do Estado de São Paulo.

Dados Internacionais de Catalogação na Publicação (CIP)

Aspectos do design II / textos compilados pelo Serviço Nacional de Aprendizagem Industrial (São Paulo).- São Paulo : Senai-SP editora, 2012.

156 p. - - (Design SENAI SP)

Coletânea de artigos, ensaios e entrevistas de diversos autores, divulgados por meio de informativos eletrônicos mensais, produzidos pelo departamento de Design do SENAI – SP.

ISBN 978-85-65418-57-7

1. Desenho industrial 2.Design 3. Desenvolvimento de produtos I. Título

CDD – 745.2

Índices para catálogo sistemático:
1. Desenho industrial : Desenvolvimento de produtos
2. Design : Desenvolvimento de produtos
Bibliotecárias responsáveis: Elisângela Soares CRB 8/6565
   Josilma Gonçalves Amato CRB 8/8122

Impressão e acabamento: Ricargraf